MARCO POLO

YOU WILL BE SERVED
WHE... THIS
NUMBER IS CALLED

ENGLISCH

Reisen mit
**Insider
Tipps**

■ Amtssprache Englisch

> Worte verbinden, Worte erschließen neue
Welten, Worte lassen Sie einfach mehr erleben.

Und damit Sie auch immer die richtigen finden,
haben wir Ihnen die wichtigsten für Ihren
Ausflug in eine fremde Kultur und Sprache
zusammengestellt.

Und sollten Sie einmal sprachlos sein, dann
helfen Ihnen unsere Zeigebilder unkompliziert
weiter.

Wir wünschen Ihnen viel Spaß auf Ihrer Reise!

W0024164

ENGLISCH

peaches
[pihtschis]

kiwi fruit
[kiwi fruht]

grapes
[graips]

Wie viel kostet es?
How much is it?

['hau 'matsch is_it]

pears
[peas]

bilberries
[bilbäris]

cherries
[tscharis]

oranges
[orindschs]

lemon
[läman]

lime
[laim]

water-melon
[wohta malan]

honeydew melon
[hanidjuh malan]

grapefruit
[graipfruht]

> EINFACHE AUSSPRACHE

Keine Scheu einfach
loszulegen:
Für die korrekte
Aussprache sorgt die
einfache Lautschrift –
bei sämtlichen Wörtern,
Begriffen und Formulie-
rungen.

> ZEIGEBILDER

Bilder machen die Verständi-
gung noch leichter. Ob beim
Shoppen, im Restaurant,
im Hotel oder bei Fragen zum
Auto: unsere Zeigebilder
helfen in jedem Fall schnell
weiter.

> SCHNELL NACH-GESCHLAGEN

VON A–Z
Die wichtigsten Themen
alphabetisch sortiert:
Vom Arztbesuch bis zum
Telefongespräch.

WÖRTERBUCH
Hier finden Sie die
1333 wichtigsten Begriffe.
Einfach praktisch!

INHALT

> SPEISEKARTE

Mit Spaß bestellen und mit Genuss essen – denn für Sie ist die Speisekarte in Landessprache ab jetzt kein Buch mit sieben Siegeln mehr.

> VOLLES PROGRAMM

Kultur oder Action, Sprach- oder Kochkurs, Tauchen oder Theaterabend: Formulierungen die dafür sorgen, dass Ihr Urlaub noch spannender wird.

> WIE DIE EINHEIMISCHEN

Insider Tipps Damit Sie als echter Insider gelten, nicht als Tourist.

BLOSS NICHT!
Hilft, Fettnäpfchen zu vermeiden.

ACHTUNG! SLANG
Einheimische noch besser verstehen!

Farben, Muster, Materialien helfen Ihnen beim Einkaufen. Weitere Helfer für (fast) jede Gelegenheit finden Sie in diesem Sprachführer.

AUSSPRACHE

Zur Erleichterung der Aussprache sind alle englischen Wörter und Wendungen zusätzlich mit einer einfachen Aussprache (in eckigen Klammern) versehen. Die Buchstaben in der Aussprache werden ausgesprochen wie im Deutschen, mit folgenden Sonderzeichen und Ausnahmen:

'	die nachfolgende Silbe wird betont. Bei einer Hauptbetonung steht das Zeichen oben vor der Silbe, bei einer Nebenbetonung unten; z. B. television [ˈtäliˌwischn].		
ˌ	Bindung zwischen zwei Wörtern; z. B. this is [ðis ˌis]		
a	nur angedeutetes **e** wie in bitt**e**	about [aˈbaut]	
ð	[s] gesprochen mit der Zungenspitze zwischen den Zähnen	thank you [ˈðänkju], this [ðis]	

ENGLISCH IST NICHT GLEICH AMERIKANISCH

Hier nur eine kleine Kostprobe von Wörtern, die im Englischen und Amerikanischen völlig unterschiedlich sind, und bei falschem Gebrauch ein kurzes Stutzen beim Angesprochenen hervorrufen:

ENGLISCH		AMERIKANISCH	
holidays [ˈholadis]	—	vacation [waˈkäischn]	(Urlaub)
lift [lift]	—	elevator [ˈäliwäita]	(Fahrstuhl)
pavement [ˈpäiwmant]	—	sidewalk [ˈsaidwohk]	(Bürgersteig)
trousers [ˈtrausas]	—	pants [pänts]	(Hose)
apartment [aˈpahtmant]	—	flat [flät]	(Etagen-Wohnung)

ABKÜRZUNGEN

adj	Adjektiv, Eigenschaftswort	adjective
adv	Adverb, Umstandswort	adverb
Am	amerikanisch	American
Brit	britisch	British
el	Elektrotechnik, Elektrizität	electricity
fam	Umgangssprache, familiär	familiar, colloquial
jdm	jemandem	somebody
med	Medizin	medical
pl	Plural, Mehrzahl	plural
prp	Präposition, Verhältniswort	preposition
rel	kirchlich, geistlich	religious
sing	Singular, Einzahl	singular
s. o.	jemand	someone
s. th.	etwas	something

> EXTRABETT IN STRANDNÄHE

Ob Sie ein Traumhotel am Meer suchen oder ein Zusatzbett im Zimmer brauchen: Formulieren Sie Ihre Urlaubswünsche per E-Mail, Fax oder am Telefon – und gehen Sie entspannt auf Reisen.

BUCHUNG PER E-MAIL

HOTEL | HOTEL [hau'täl]

Sehr geehrte Damen und Herren,
am 24. und 25. Juni benötige ich für zwei Nächte ein Einzel-/ Doppel-/Zweibettzimmer. Bitte teilen Sie mir mit, ob Sie ein Zimmer frei haben und was es pro Nacht (einschließlich Abendessen) kostet.
Mit freundlichen Grüßen

REISE PLANUNG

Dear Sir or Madam,
I would like to book a single/double/twin-bedded room for 2 nights on the 24 and 25 June. Please let me know if you have any vacancies and the total cost per night (plus dinner).
Yours faithfully,

▪ MIETWAGEN | RENTAL CARS [räntal 'kahs]

Sehr geehrte Damen und Herren,
für den Zeitraum vom 20.–25. Juli möchte ich ab Flughafen Manchester einen Kleinwagen /

Mittelklassewagen mieten. Ich fliege von London Heathrow ab und ich möchte deshalb dort den Leihwagen abgeben. Bitte teilen Sie mir Ihre Tarife mit und welche Unterlagen ich benötige.
Mit freundlichen Grüßen

Dear Sir / Madam,
I would like to hire a small / mid-range carrier from July 20–25 from Manchester Airport. I depart from Heathrow Airport, London so wish to leave the car there. Please inform me of your rates and what documents I shall require.
Yours faithfully,

FRAGEN ZUR UNTERKUNFT

Ich habe vor, meinen Urlaub in ... zu verbringen. Können Sie mir bitte Informationen über Unterkünfte in der Gegend geben?
I am planning to spend my holiday in ... Can you give me details of accommodation in the area? [aim pläning tu spänd mai 'holadäi in ... kan juh giw mi ditails əw akomədäischən in 0ə 'aaria]

Ist es zentral/ruhig/in Strandnähe gelegen?
Is it central/quiet/near the beach? [is it säntrl / kwaiət / niə 0ə bihtsch]

Wie viel kostet das pro Woche?
How much does that cost per week? [hau match das 0ät kohst pə wik]

Hat diese Unterkunft eine Internet- oder E-Mail-Adresse?
Does this accommodation have an Internet or e-mail address? [das '0is akomədäischən haw an 'intanät oh ihmäil 'adräs]

Hotel — a hotel [hau'täl]
Pension — guest house [gäst haus]
Zimmer — room [ruhm]
Ferienwohnung — self-catering accommodation [sälf käitring akomədäischən]

Übernachtung: Seite 68ff.

HOTEL – PENSION – ZIMMER
HOTEL – GUEST HOUSE – ROOMS [hau'täl 'gästhaus 'ruhms]

Ich suche ein Hotel, jedoch nicht zu teuer – etwas in der mittleren Preislage
I'd like to stay in a hotel, but nothing too expensive – something in the mid-price range. [aid 'laik tu stäi in a hau'täl bat naßing tuh iks'pänsiw samßing in 0ə mid prais räindsch]

Ich suche ein Hotel mit ...
I'm looking for a hotel with ... [aim 'luking fə a hau'täl wi0]

Wellnessbereich.
a spa [ə spah]

Swimmingpool.
a swimming pool ['swimmingpuhl]

> *www.marcopolo.de/englisch*

Golfplatz.	a golf course [ə golf kohs]
Tennisplätzen.	tennis courts ['tanis kohts]
Können Sie mir ein schönes Zimmer mit Frühstück empfehlen?	Can you recommend a good bed-and-breakfast? [kən juh räkə'mänd ə gud bäd an 'bräfast]
Ist es möglich, ein weiteres Bett in einem der Zimmer aufzustellen?	Is it possible to put an extra bed in one of the rooms? [is it 'pasəbl tu puht an äkstra bäd in wan əw ðə ruhms]

FERIENHÄUSER / FERIENWOHNUNGEN
HOLIDAY HOMES / HOLIDAY APARTMENTS ['holadi haums / 'holadi apahtmants]

 Übernachtung: Seite 74f.

Ich suche eine Ferien-wohnung oder einen Bungalow.	I'm looking for a self-catering flat or bungalow. [aim 'luking fə ə sälf käitaring flät oh 'bangalau]
Für wie viele Leute soll es sein?	How many people does it sleep? [hau mäni pipl das it slihp]
Gibt es ...?	Is there ...? [is ðäar]
eine Küche	a kitchen ['kitschin]
eine Spülmaschine	a dishwasher [ə dischwoscha]
einen Kühlschrank	a refrigerator [ri'fridschəräita]
eine Waschmaschine	a washing machine [ə wosching mə'schihn]
einen Fernseher	a TV [ə tivi]
Sind die Stromkosten im Preis enthalten?	Is electricity included in the price? [is i'läktrisəti inkludid in ðə prais]
Werden Bettwäsche und Handtücher gestellt?	Are bed linen and towels provided? [ah bäd linen an 'tauls prauwaidid]
Wie viel muss ich anzahlen und wann ist die Anzahlung fällig?	How much deposit do you require and how long in advance? [hau matsch dipohsat du juh rikwaia an hau long in ädwäns]
Wo und wann kann ich die Schlüssel abholen?	Where and when should I pick up the keys? [wea an wän schud ai pik ap ðə kihs]

CAMPING | CAMPING [kämping]

Ich suche einen schönen Campingplatz (am Wasser).	I'm looking for a nice camping site (near the water). [aim 'luking fə a nais 'kämpingsait nia ðə 'wohta]
Können Sie mir irgend etwas empfehlen?	Is there anything you can recommend? [is ðäar 'aniðing juh kan räka'mänd]

> MEHR ERLEBEN

Nur keine Scheu! Der Smalltalk im Café, die Plauderei beim Einkauf, der Flirt beim Clubben – reden Sie drauflos, es ist einfacher als Sie denken! Und macht die Reise erst so richtig spannend.

■ BEGRÜSSUNG | SAYING HELLO [sejing ha'lau]

Guten Morgen!	Good morning! [gud 'mohning]
Guten Tag!	Good afternoon! [gud 'ahfta'nuhn]
Guten Abend!	Good evening. [gud 'ihwning]
Hallo!/Grüß dich!	Hello/Hi! [ha'lau/hai]
Wie geht es Ihnen/ Wie geht's?	How are you? [hau_'ah ju/hau_a 'ju]
	How's it going? [hau_s it gauing]
	How're things? [hau_r ßings]
	(Am) How've you been? [hau_w juh bin]
Danke. Und Ihnen/dir?	Fine thanks. And you? ['fain ßänks. and 'ju]

IM GESPRÄCH

■ **MEIN NAME IST ...** | MY NAME'S ... [mai näims] ▬▬▬▬▬▬

Wie ist Ihr Name/ Wie heißt du?	What's your name? [wots joh 'näim]
Darf ich bekannt machen?	May I introduce you? ['mäi_ai_,intra'djuhs ju]
Das ist ...	This is ... ['ðis_is]
Frau X.	(neutrale Anrede) Ms X. [mis]
Herr X.	Mr X. ['mista]
Nett, Sie kennen zu lernen.	Nice to meet you. [nais ta 'miht ju]

AUF WIEDERSEHEN! | GOODBYE/BYE-BYE! [ˌgudˈbai/ˌbaiˈbai]

Tschüss!	Cheerio! [ˌtschiəriˈau]
Bis später!	See you later! [ˈsih ju ˈläitə]
Bis morgen!	See you tomorrow! [ˈsih ju təˈmorəu]
Bis bald!	See you soon! [ˈsih ju ˈsuhn]
Gute Nacht!	Good night! [ˌgud ˈnait]
Schönes Wochenende!	Have a nice weekend! [ˈhäw_ə ˈnais ˌwihkˈänd]
Gute Reise!	Have a good journey. [ˈhäw_ə gud ˈdschöhni]

BITTE | PLEASE [ˈplihs]

Darf ich Sie um einen Gefallen bitten?	Could you do me a favour? [ˈkud ju duh mih ə ˈfäiwə]
Können Sie mir bitte helfen?	Can you help me, please? [ˈkan ju ˈhälp mi plihs]
Gestatten Sie?	May I? [ˈmäi ai]
Bitte sehr./Gern geschehen.	Don't mention it./You're welcome. [daunt ˈmänschn_it/joh ˈwälkəm]
Mit Vergnügen.	With pleasure. [wiϑ ˈpläschə]

DANKE | THANK YOU [ˈϑänkju]

Vielen Dank.	Thank you very much. [ˈϑänkju ˈwäri ˈmatsch]
Danke, sehr gern.	Yes, thank you. [ˈjäs ˈϑänkju]
Nein, danke.	No, thank you. [ˌnau ˈϑänkju]
Danke, gleichfalls!	Thank you. The same to you. [ˈϑänkju. ϑə ˈsäim tə ˈjuh]
Das ist nett, danke.	That's very kind of you, thank you. [ϑäts ˈwäri ˈkaind_aw ju ˈϑänkju]
Vielen Dank für Ihre Hilfe/ Mühe.	Thank you very much for your help/trouble. [ˈϑänkju ˈwäri ˈmatsch fə jə ˈhälp/ ˈtrabl]

ENTSCHULDIGUNG! | I'M SORRY! [aim ˈsori]

Das tut mir leid.	I'm so sorry! [aim ˈsau ˈsori]
Schade!	What a pity! [ˌwot_ə ˈpiti]

IM GESPRÄCH

ALLES GUTE! | ALL THE BEST! [ˈohl ðə ˈbäst]

Herzlichen Glückwunsch! — Congratulations! [kənˌgrätjuˈläischns]
Alles Gute zum Geburtstag! — Happy birthday! [ˈhäpi ˈböhðdäi]
Viel Erfolg!/Viel Glück!/ — Good luck! [ˈgud ˈlak]
  Hals- und Beinbruch!
Gute Besserung! — Get well soon! [ˈgät ˌwäl ˈsuhn]

KOMPLIMENTE | COMPLIMENTS [ˈkamplamänts]

Wie schön! — How nice / lovely! [hau nais / lawli]
Das ist wunderbar! — That's wonderful/great! [ðäts wandəfl / grät]
Sie sprechen sehr gut — You speak very good German.
  Deutsch. — [juh spihk ˈwäri gud ˈdschöhmən]
Sie sehen gut aus! — You're looking well! [juhr ˈluking wäl]
Ich finde Sie sehr — I think you are very nice. [ai ðink juh ah ˈwäri nais]
  sympathisch/nett.

angenehm — pleasant [pläsnt]
ausgezeichnet — excellent [äksəlnt]
beeindruckend — impressive [impräsəw]
freundlich — friendly [frändli]
herrlich — glorious [glauräus], splendid [spländəd]
hübsch — pretty [priti], gorgeous [gaˈdschas]
köstlich — delicious [diˈlischəs]
lecker — tasty [täisti]
schön — lovely [lawli]

WIE DIE EINHEIMISCHEN

Insider
Tipp

> ### Die freundliche englische Art
Mehr noch als im Deutschen wirkt es im Englischen schroff bis unhöflich, wenn man eine Frage nur mit „Ja" (Yes [jäs]) oder „Nein" (No [nau]) beantwortet. Man sollte zumindest das Verb aus der Frage wiederholen: *Are you on your own?* [ah ju on johr ˈaun] („Sind Sie/Bist du allein?") – *Yes, I am.* [jäs ai ˈäm] („Ja, ich bin"). So wie man im Deutschen eine Frage oder eine Bitte mit „Entschuldigen Sie bitte, ..." einleitet, sollte man auch im Englischen ein *Excuse me, please, ...* [ikˈskjuhs ˌmih plihs] voranstellen

ZUR PERSON PERSONAL INFORMATION [ˈpöhsnəl infəˈmäischn]

Wie alt sind Sie/bist du?	How old are you? [hau_ˈauld ə_ju]
Ich bin 24.	I'm twenty-four. [aim ˈtwänti foh]
Was machen Sie/machst du beruflich?	What do you do for a living? [wot du juh du fər_ə ˈliwing]
Ich bin ...	I'm a ... [aim ə]
Ich arbeite bei ...	I work for ... [ai wöhk fə]
Ich gehe noch zur Schule.	I'm still at school. [aim stil at skuhl]
Ich bin Student/in.	I'm a student. [aim ə stjuhdnt]

HERKUNFT UND AUFENTHALT ORIGIN AND STAY [ˈahridschin an stäi]

Ich komme aus Stuttgart.	I'm from Stuttgart. [aim fram stuhtgaht]
Sind Sie/Bist du schon lange hier?	Have you been here long? [häw juh bihn hiə long]
Ich bin seit ... hier.	I've been here since ... [aiw bihn hiə sins]
Wie lange bleiben Sie/ bleibst du?	How long are you staying? [hau long ah juh stäiing]
Sind Sie/Bist du zum ersten Mal hier?	Is this your first time here? [is ˈðis joh föhst taim hiə]
Wie finden Sie es?	What do you think of it? [wot du juh ðink aw it]

HOBBYS HOBBIES [hobbys]

Haben Sie/Hast du ein Hobby?	Do you have a hobby? [du juh häw ə hobby]
Wofür interessieren Sie sich so?	What are you interested in? [wot ah juh ˈintristid in]
Ich interessiere mich für ...	I'm interested in . [aim ˈintristid in]
fotografieren	taking photos [täiking fəutəus]
Freunde treffen	meeting friends [mihting fränds]
im Internet surfen	surfing/browsing the Internet [ˈsöhfing / brausing ðə ˈintanät]
Karten-/Brettspiele/ Computerspiele	cards / board games / computer games [kahds / baud gäims / kompjuhta gäims]
Kino/Filme	cinema / films [ˈsinama / film]
kochen	cooking [kuking]
lesen	reading [riding]
malen	painting [päinting]
Musik hören	listening to music [listning tu ˈmjuhsik]
Musik machen	making music [mäiking ˈmjuhsik]
reisen	travelling [träwling]
schreiben	writing [raiting]
Sprachen lernen	learning languages [lörning ˈlängwidschis]

IM GESPRÄCH

SPORT SPORT [spoht]

 Volles Programm: Seite 84ff.

Welchen Sport treiben Sie/ treibst du?	What sports do you take part in? [wot spohts du[juh täik paht in]
Ich spiele ...	I play ... [ai pläi]
Ich jogge/schwimme/ fahre Rad.	I go jogging/swimming/cycling. [ai gau dschohging / 'swimming / saikling]
Ich spiele einmal die Woche Tennis/Volleyball.	I play tennis/volleyball once a week. [ai pläi tänis / wohlibohl wuhns ə wik]
Ich gehe regelmäßig ins Fitnesscenter.	I go regularly to the gym/fitness centre. [ai gau rägjuhläli tu ðə dschim / fitnäs 'säntə]

■ VERABREDUNG/FLIRT | MAKING A DATE ['mäiking äi däit]

Haben Sie/Hast du für morgen schon etwas vor?	Have you got any plans for tomorrow? [haw ju got_ˌäni 'pläns fə tə'morəu]
Wollen wir zusammen hingehen?	Shall we go together? ['schal wi gau tə'gäðə]
Wann/Wo treffen wir uns?	When/Where shall we meet? ['wän/'wea schal wi 'miht]
Darf ich Sie/dich nach Hause bringen?	Can I take you home? [kən_aiˌtäik_ju 'haum]
Hast du einen Freund/ eine Freundin?	Have you got a boyfriend/a girlfriend? [haw ju got_ə'boifränd/a 'göhlfränd]
Sind Sie verheiratet?	Are you married? [ah ju 'märid]
Ich habe mich den ganzen Tag auf Sie/dich gefreut.	I've been looking forward to seeing you all day. [aiw bihn 'luking 'fohwad tuh 'sihing juh ohl däi]
Du hast wunderschöne Augen!	You've got beautiful eyes! [juhw got 'bjuhtiful ais]
Ich habe mich in dich verliebt.	I've fallen in love with you. [aiw 'fohlən in law wið juh]
Ich mich auch in dich.	I love you, too. [ai law juh tuh]
Ich liebe dich!	I love you! [ai law juh]
Ich möchte mit dir schlafen.	I would like to sleep with you. [ai wud laik tuh slihp wið juh]
Aber nur mit Kondom!	Only with a condom! ['əunli wið äi 'kondəm]
Hast du Kondome?	Do you have a condom? [duh juh häw äi 'kondəm]
Wo kann ich welche kaufen?	Where can I buy some? [wea kən ai bai sam]
Gehen wir zu dir oder zu mir?	Your place or mine? [juar pläis ohr main]
Es tut mir leid, aber ich bin nicht in dich verliebt.	I'm sorry, but I'm not in love with you. [aim 'sori bat aim not in law wið juh]
Ich habe keine Lust dazu.	I don't feel like it. [ai 'daunt 'fihl_laik_it]
Ich will nicht.	I don't want to. [ai 'daunt 'wont_tu]

Bitte geh jetzt!	Please leave now! [plihs lihw nau]
Hör sofort auf!	Stop at once! [stop ät wans]
Hau ab!	Go away/Get lost! ['gau_a'wäi/'gät 'lost]
Lassen Sie mich bitte in Ruhe!	Please leave me alone! ['plihs lihw mih_a'laun]

ZEIT

 UHRZEIT | TIME [taim]

WIE VIEL UHR IST ES? WHAT TIME IS IT? [wot 'taim is it]

> Zeitangaben: Umschlagklappe

UM WIE VIEL UHR?/WANN? WHAT TIME? [ˌwot 'taim]/WHEN? [wän]

Um 1 Uhr.	At one o'clock. [ät 'wan_a'klok]
In einer Stunde.	In an hour's time [in_an auas 'taim]
Zwischen 3 und 4.	Between three and four. [bi'twihn 'θrih_and 'foh]

WIE LANGE? HOW LONG? ['hau 'long]

Zwei Stunden (lang).	For two hours. [fa 'tuh 'auas]
Von 10 bis 11.	From ten to eleven. [fram 'tän tu_i'läwn]
Bis 5 Uhr.	Till five o'clock. [til 'faiw_a'klok]

SEIT WANN? SINCE WHEN? [sins 'wän]

Seit 8 Uhr morgens.	Since eight a.m. [sins_'äit_'äi'äm]
Seit einer halben Stunde.	For half an hour. [fa 'hahf_an_'aua]

SONSTIGE ZEITANGABEN
OTHER EXPRESSIONS OF TIME ['aθar iks'präschans aw taim]

morgens	in the morning [in θa 'mohning]
vormittags	during the morning ['djuaring θa 'mohning]
mittags	at lunchtime [ät 'lanschtaim]
nachmittags	in the afternoon [in θi_ˌahfta'nuhn]
abends	in the evening [in θih 'ihwning]
nachts	at night [ät 'nait]
vorgestern	the day before yesterday [θa 'däi bi'foh 'jästadi]
gestern	yesterday ['jästadi]
vor zehn Minuten	ten minutes ago ['tän 'minits a'gau]
heute	today [ta'däi]
jetzt	now [nau]

> *www.marcopolo.de/englisch*

morgen	tomorrow [taˈmorau]
übermorgen	the day after tomorrow [ðə ˈdäi ˈahftə taˈmorau]
diese Woche	this week [ˌðis ˈwihk]
am Wochenende	at the weekend [at ðə ˌwihkˈänd]
am Sonntag	on Sunday [on ˈsandäi]
in 14 Tagen	in a fortnight's time [in ə ˈfohtnaits ˈtaim]
nächstes Jahr	next year [ˈnäkst ˈjiə]
manchmal	sometimes [ˈsamtaims]
alle halbe Stunde	every half hour [ˈäwri hahf ˈauə]
stündlich	every hour [ˈäwri ˈauə], hourly [ˈauəli]
täglich	every day [ˈäwri ˈdäi], daily [ˈdäili]
alle zwei Tage	every other day [ˈäwri ˈaðə ˈdäi]
innerhalb einer Woche	within a week [wiˈðin ə ˈwihk]
bald	soon [suhn]

■ DATUM | THE DATE [ðə ˈdäit]

Den Wievielten haben wir heute?	What's the date (today)? [ˈwots ðə ˈdäit (taˈdäi)]
Heute ist der 1. Mai.	Today's the first of May (May the first). [taˈdäis ðə ˈföhst_əw ˈmäi (ˈmäi ðə ˈföhst)]

WIE DIE EINHEIMISCHEN

Insider Tipps

▶ **See you later!**
Im britischen Englisch heißt *See you later!* [ˈsih ju ˈläitə] („Wir sehen uns später!") „später am selben Tag". Im amerikanischen Englisch (und bei jungen Engländern) dagegen heißt es „irgendwann": heute, morgen, nächstes Jahr, oder nie!

▶ **a. m. – p. m.**
Im Englischen wird der Uhrzeit oft ein *a. m.* [ˈäiˈäm] („vor Mittag") oder *p. m.* [ˈpihˈäm] („nach Mittag") nachgestellt:
8.00 a. m.: Acht Uhr morgens, *8.00 p. m.*: Acht Uhr abends.

■ WOCHENTAGE | DAYS OF THE WEEK [däis aw θə wihk]

Montag	Monday ['mandi]
Dienstag	Tuesday ['tjuhsdi]
Mittwoch	Wednesday ['wänsdi]
Donnerstag	Thursday ['θöhsdi]
Freitag	Friday ['fraidi]
Samstag	Saturday ['sätadi]
Sonntag	Sunday ['sandi]

■ MONATE | MONTHS OF THE YEAR [manθs aw θəjiər]

Januar	January ['dschänjuari]
Februar	February ['fäbruari]
März	March [mahtsch]
April	April ['äiprl]
Mai	May [mäi]
Juni	June [dschuhn]
Juli	July [dschuh'lai]
August	August ['ohgast]
September	September [säp'tambə]
Oktober	October [ok'tauba]
November	November [nau'wämba]
Dezember	December [di'sämba]

■ JAHRESZEITEN | SEASONS [sihsns]

Frühling	spring [spring]
Sommer	summer ['sama]
Herbst	autumn (Am fall) ['ohtam, fohl]
Winter	winter ['winta]

■ FEIERTAGE | HOLIDAYS ['holidäis]

Neujahr	New Year's Day ['njuh ˌjias 'däi]
Karfreitag	Good Friday ['gud 'fraidi]
Ostern	Easter ['ihsta]
Erster Montag im Mai	May Day Holiday ['mäi ˌdäi 'holidäi] (GB)
Letzter Montag im Mai	Spring Bank Holiday ['spring ˌbänk 'holidäi] (GB)
4. Juli	Independence Day [ˌindi'pändəns ˌdäi] (GB)
Letzter Montag im August	August Bank Holiday ['ohgast ˌbänk 'holidäi] (GB)

> www.marcopolo.de/englisch

Letzter Donnerstag im November	Thanksgiving ['θänks‚giwing] (GB)
Heiliger Abend	Christmas Eve ['krismas 'ihw]
1. Weihnachtsfeiertag	Christmas Day ['krismas 'däi]
2. Weihnachtsfeiertag	Boxing Day ['boksing ‚däi]
Silvesterabend	New Year's Eve ['njuh ‚jias 'ihw]

WETTER

Wie wird das Wetter heute?	What's the weather going to be like today? ['wots θa 'wäθa 'gauing ta bi laik ta'däi]
Es bleibt schön.	It's going to stay fine. [its 'gauing ta stäi 'fain]
Es wird wärmer/kälter.	It's going to get warmer/colder. [its 'gauing ta gät 'wohma/'kaulda]
Es soll regnen/schneien.	It's going to rain/snow. [its 'gauing ta 'räin/'snau]
Es ist kalt/heiß/schwül.	It's cold/hot/close. [its 'kauld/'hot/'klaus]
Wie viel Grad haben wir heute?	What's the temperature today? [wots θa 'tämpratscha ta'däi]
Es ist 20 Grad Celsius.	It's twenty degrees Centigrade. [its 'twänti di'grihs 'säntigräid]

bewölkt	cloudy ['klaudi]
Ebbe	low tide ['lau 'taid]
Flut	high tide ['hai 'taid]
Frost	frost [frost]
Gewitter	thunderstorm ['θandastohm]
heiß	hot [hot]
kalt	cold [kauld]
Nebel	fog [fog]
Regen	rain [räin]
Schnee	snow [snau]
schwül	humid ['hjuhmid]
Sonne	sun [san]
trocken	dry [drai]
Überschwemmung	flooding ['flading], floods [flads]
warm	warm [wohm]
wechselhaft	changeable ['tschäinschabl]
Wind	wind [wind]

> WO GEHT ES NACH...?

Wenn Sie sich verirrt oder verfahren haben oder einfach nicht mehr weiter wissen: Fragen Sie! Dieses Kapitel hilft Ihnen dabei.

WO GEHT'S LANG?

Bitte, wo ist ...?	Excuse me, where's …, please? [iks'kjuhs 'mih 'weəs plihs]
Können Sie mir sagen, wie ich nach ... komme?	Could you tell me how to get to …, please? ['kud_ju 'täl mi hau tə gät tə plihs]
Welches ist der kürzeste Weg nach/zu ...?	Which is the quickest way to … ? ['witsch_is θə 'kwikist wäi tə …]
Wie weit ist es zum/zur ...?	How far is it to … ? ['hau 'fahr_is_it tə…]
Gehen Sie geradeaus.	Go straight on. [gau 'sträit_ˈon]
Gehen Sie nach links/rechts.	Turn left/right. [töhn 'läft/'rait]

UNTERWEGS

Erste/Zweite Straße links/ rechts.	The first/second street on the left/right. [θə 'föhst/'säknd striht on θə 'läft/'rait]
Überqueren Sie ...	Cross ... ['kros]
die Brücke.	the bridge. [θə 'bridsch]
den Platz.	the square. [θə 'skwea]
die Straße.	the street. [θə 'striht]
Dann fragen Sie noch einmal.	Then ask again. ['θän 'ahsk a'gän]
Sie können ... nehmen.	You can take ... [ju kan 'täik]
den Bus	the bus. [θə 'bas]
die Straßenbahn	the tram. [θə 'träm]
die U-Bahn	the tube (the underground). [θə 'tjuhb (θi_'andagraund)]

AN DER GRENZE

■ZOLL/PASS | CUSTOMS/PASSPORT ['kastəms/'pahspoht]

IHREN PASS, BITTE! YOUR PASSPORT, PLEASE. [joh 'pahspoht plihs]

Ihr Pass ist abgelaufen.	Your passport has expired. [joh 'pahspoht həs_iks'paiəd]
Haben Sie ein Visum?	Have you got a visa? [həw ju got_ə 'wihsə]
Kann ich das Visum hier bekommen?	Can I get a visa here? [kan_ai gät_ə 'wihsə 'hiə]

HABEN SIE ETWAS ZU VERZOLLEN? HAVE YOU GOT ANYTHING TO DECLARE?
[həw ju got 'äniθing tə di'kleə]

Nein, ich habe nur ein paar Geschenke.	No, I've only got a few presents. ['nəu aiw 'əunli got_ə_fjuh 'präsnts]
Fahren Sie bitte rechts/ links heran.	Pull over to the right/the left, please. ['pul 'əuwə tə θə 'rait/θə 'läft plihs]
Öffnen Sie bitte den Kofferraum/diesen Koffer.	Open the boot (Am trunk)/this case, please. ['aupən θə 'buht ('trank)/'θis 'käis plihs]
Muss ich das verzollen?	Do I have to pay duty on this? ['du_ai häw_tə päi 'djuhti on θis]

Ausfuhr	export ['äkspoht]
ausreisen	to leave the country [tə 'lihw θə 'kantri]
Einfuhr	import ['impoht]
einreisen	to enter the country [tə 'äntə θə 'kantri]
Familien|name	surname ['söhnäim]
~stand	marital status ['märitl 'stätəs]
ledig	single ['singl]
verheiratet	married ['märid]
Führerschein	driving licence ['draiwing 'laisns]
Geburts|datum	date of birth ['däit əw 'böhθ]
~name	maiden name ['mäidn näim]
~ort	place of birth ['pläis əw 'böhθ]
Grenzübergang	border ['bohdə]
gültig	valid ['wälid]
Nummernschild	number plate ['nambə pläit]
Passkontrolle	passport control ['pahspoht kən'trəul]
Personalausweis	identity card [ai'däntiti kahd]
Reisepass	passport ['pahspoht]
Sichtvermerk	endorsement [in'dohsmənt]
Staatsangehörigkeit	nationality [‚näschə'näliti]
Visum	visa ['wihsə]
Vorname	Christian name ['kristjən näim], first name ['föhst näim]

> **www.marcopolo.de/englisch**

Wohnort	place of residence [ˌpläis əw ˈräsidəns]
Zoll	(Amt) customs [ˈkastəms]; (Gebühr) duty [ˈdjuhti]
~beamter/~beamtin	customs officer [ˈkastəms ˈofisə]
~frei	duty-free [ˈdjuhti ˈfrih]
~kontrolle	customs check [ˈkastəms tschäk]
~pflichtig	liable to duty [ˈlaiabl tə ˈdjuhti]

... MIT DEM AUTO/MOTORRAD/ FAHRRAD

■ WIE KOMME ICH NACH ...? | HOW DO I GET TO ...? [ˈhau du ai gät tu]

Wie weit ist das?	How far is it? [ˈhau ˈfahr_is_it]
Bitte, ist das die Straße nach ...?	Excuse me, is this the road to …? [iksˈkjuhs_ˈmih is ˈθis θə raud tu ...]
Wie komme ich zur Autobahn nach ...?	How do I get to the … motorway? [ˈhau du_ai gät tə θə ˈmautəwäi]
Immer geradeaus bis ... Dann links/rechts abbiegen.	Straight on until you get to … Then turn left/right. [ˈsträit_ˈon_anˈtil ju gät tu ˈθän töhn ˈläft/ˈrait]

■ VOLL TANKEN, BITTE | FILL HER UP, PLEASE [ˈfil_ər_ˈap plihs]

Wo ist bitte die nächste Tankstelle?	Where's the nearest petrol station, please? [ˈweas θə ˈniarist ˈpätrəlstäischn plihs]
Ich möchte ... Liter ...	…litres of … [ˈlihtəs_əw]
Normalbenzin.	three-star, [ˈθrihstah]
Super.	four-star, [ˈfohstah]
Diesel.	diesel, [ˈdihsl]
bleifrei/verbleit.	unleaded/leaded, please. [ˌanˈlädid/ˈlädid plihs]
Prüfen Sie bitte ...	Please check … [plihs tschäk]
den Ölstand.	the oil. [θi_ˈoil]
den Reifendruck.	the tyre pressure. [θə ˈtaiə ˈpräschə]
das Kühlwasser.	the water. [θə ˈwohtə]

PARKEN | PARKING ['pahking]

Gibt es hier in der Nähe
eine Parkmöglichkeit?
Is there a car park near here?
[is θear_ə 'kah pahk niə hiə]

Kann ich das Auto
hier abstellen?
Can I park my car here?
['kan_ai ,pahk mai 'kah hiə]

PANNE | BREAKDOWN ['bräikdaun]

Ich habe einen Platten.
I've got a flat tyre. [aiw got_ə 'flät 'taiə]

Würden Sie mir bitte einen
Mechaniker/einen
Abschleppwagen schicken?
Would you send a mechanic/a breakdown truck,
please? ['wud_ju sänd_ə mi'känik/ə 'bräikdaun trak plihs]

Könnten Sie mir mit Benzin
aushelfen?
Could you lend me some petrol, please?
['kud_ju länd mi sam 'pätrəl plihs]

Könnten Sie mir beim
Reifenwechsel helfen?
Could you help me change the tyre, please?
['kud_ju hälp mi tschäinsch θə 'taiə plihs]

Würden Sie mich bis zur
nächsten Werkstatt/
Tankstelle mitnehmen?
Could you give me a lift to the nearest garage?
['kud_ju giw mi_ə 'lift tə θə 'niarist 'gärahdsch]

WERKSTATT | GARAGE ['gärahdsch]

Mein Wagen springt nicht an.
The car won't start. [θə 'kah wəunt 'staht]

Können Sie mal nachsehen?
Could you have a look? ['kud_ju 'häw_ə 'luk]

Die Batterie ist leer.
The battery is flat. [θə 'bätəri iz flät]

Mit dem Motor stimmt
was nicht.
There's something wrong with the engine.
[θeas 'samθing 'rong wiθ θi_'änschin]

Die Bremsen funktionieren
nicht.
The brakes don't work. [θə 'bräiks dəunt 'wöhk]

... ist/sind defekt.
... is/are faulty. [is/ah 'fohlti]

Der Wagen verliert Öl.
I'm losing oil. [aim 'luhsing 'oil]

Wechseln Sie bitte die
Zündkerzen aus.
Change the sparkplugs, please.
['tschäinsch θə 'spahk plags plihs]

Was wird es kosten?
How much will it be? ['hau 'matsch wil_it 'bih]

UNFALL | ACCIDENT ['äksidant]

Rufen Sie bitte ...
Please call ... ['plihs 'kohl]

einen Krankenwagen.
an ambulance. [an_'ämbjuləns]

die Polizei.
the police. [θə pa'lihs]

> www.marcopolo.de/englisch

die Feuerwehr.	the fire-brigade. [θə 'faiəbri‚gäid]
Sind Sie verletzt?	Are you injured? [ah juh 'indschad]
Haben Sie Verbandszeug?	Have you got a first-aid kit? [häw ju got‿ə 'föhst'äid kit]
Es war meine/Ihre Schuld.	It was my/your fault. [it was 'mai/'joh 'fohlt]
Sollen wir die Polizei holen, oder können wir uns so einigen?	Shall we call the police, or can we settle things ourselves? [schal wi ‚kohl θə pə'lihs‚oh kən wi 'sätl θings ‚auə'sälws]
Ich möchte den Schaden durch meine Versicherung regeln lassen.	I'd like my insurance company to take care of the damage. [aid laik mai‿in'schuarəns 'kampani tə täik 'keər‿aw θə 'dämidcch]
Geben Sie mir bitte Ihren Namen und Ihre Anschrift/ Namen und Anschrift Ihrer Versicherung.	Please give me your name and address/ particulars of your insurance. [plihs giw mi joh 'näim‿and‿ə'dräs/ pə'tikjuləs‿aw johr‿in'schuarəns]
Vielen Dank für Ihre Hilfe.	Thank you very much for your help. ['θänk ju 'wäri 'matsch fə jə 'hälp]

abschleppen	to tow (away) [tau (ə'wäi)]
Abschlepp|seil	towrope ['tauraup]
~wagen	breakdown vehicle ['bräikdaun ‚wihikl]
Ampel	traffic lights ['träfik ‚laits]
Anlasser	starter ['stahta]
Autobahn	motorway ['mautəwäi]
Automatik(getriebe)	automatic (transmission) [‚ohtə'mätik (träns'mischn)]
Baustelle	road works ['raudwöhks]
Benzin	petrol (Am gas) ['pätrəl‚ gäs]
~kanister	petrol can ['pätrəl kän]
Bremsbelag	brake lining ['bräik ‚laining]
Bußgeld	fine [fain]
Defekt	fault [fohlt]
Erdgas-/Elektrotankstelle	natural gas / fuel station for electric cars [nätschjuhrl gäs / fjuhl stäischn fa i'läktrik kahs]
Fahrrad	bicycle, bike ['baisikl, baik]
Fahrspur	lane [läin]
Fehlzündung	backfire [‚bäk'faiə]
Felge	rim [rim]
Fernlicht	full-beam ['ful'bihm]
Flickzeug	(puncture) repair kit [('panktscha) ri'peə kit]
Führerschein	driving licence ['draiwing 'laisns]
Fußbremse	footbrake ['futbräik]
Gang	gear [giə]
~schaltung	gears [giəs]
Gaspedal	accelerator [ak'säləräitə]
gebrochen	broken ['braukn]

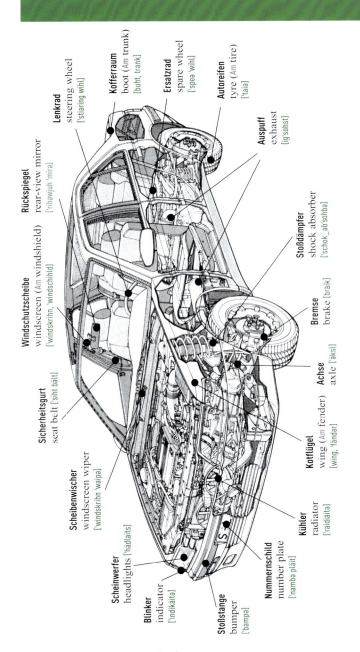

Lenkrad
steering wheel
[ˈstiaring wihl]

Kofferraum (Am trunk)
boot (Am trunk)
[buht, trank]

Ersatzrad
spare wheel
[spea wihl]

Autoreifen (Am tire)
tyre (Am tire)
[taia]

Rückspiegel
rear-view mirror
[ˈrihawjuh ˈmira]

Auspuff
exhaust
[igˈsohst]

Stoßdämpfer
shock absorber
[schok_abˈsohba]

Windschutzscheibe (Am windshield)
windscreen (Am windshield)
[ˈwindskrihn, ˈwindschihld]

Bremse brake [braik]

Achse
axle [ˈaksl]

Sicherheitsgurt
seat belt [siht bält]

Scheibenwischer
windscreen wiper
[ˈwindskrihn waipa]

Kotflügel (Am fender)
wing (Am fender)
[wing, ˈfända]

Scheinwerfer
headlights [ˈhädlaits]

Kühler
radiator
[ˈräidiäita]

Blinker
indicator
[ˈindikäita]

Nummernschild
number plate
[ˈnamba pläit]

Stoßstange
bumper
[ˈbampa]

Getriebe	gearbox ['giaboks]
Handbremse	handbrake ['händbräik]
Heizung	heating ['hihting]
Helm	crash helmet ['kräsch ˌhälmit]
Hupe	horn [hohn]
Kabel	cable ['käibl]
Keilriemen	fan belt ['fän bält]
Klingel	bell [bäl]
Kreuzung	crossroads ['krosrauds], junction ['dschangschn]
Kühlwasser	cooling water ['kuhling 'wohtə]
Kupplung	clutch [klatsch]
Kurve	bend [bänd]
Landstraße	country road ['kantri ˌraud]
Lastwagen	lorry ['lori], (Am truck [trak])
Lichtmaschine	dynamo ['dainəmau]
Motor	motor ['məutə], engine ['ändschin]
~haube	bonnet (Am hood) ['bonit, hud]
~rad	motorbike ['məutəbaik]
~roller	scooter ['skuhtə]
Notrufsäule	emergency telephone [i'möhdschənsi 'tälifaun]
Oktanzahl	octane number ['oktäin ˌnambə]
Öl	oil [oil]
~wechsel	oil change ['oil 'tschäinsch]
Panne	breakdown ['bräikdaun]; (Reifen~) puncture ['panktschə], flat (tyre) [flät ('taiə)]
Pannendienst	breakdown service ['bräikdaun ˌsöhwis]
Papiere	papers ['päipəs]
Park|haus	multi-storey car park [ˌmalti'stohri 'kahpahk]
~platz	car park ['kahpahk]
Promille	alcohol level ['älkəhol ˌläwl]
PS	hp (horsepower) ['hohs,pauə]
Radarkontrolle	radar speed check ['räidah 'spihd tschäk]
Radkreuz	wheel brace ['wihl bräis]
Raststätte	services ['söhwisis]
Reifenpanne	flat tyre / puncture [flät taiə / panktschə]
Schiebedach	sunroof ['sanruhf]
Schraube	screw [skruh]
Schraubenschlüssel	spanner ['spänə], wrench [räntsch]
Schutzblech	mudguard ['madgahd]
Standlicht	sidelights ['saidlaits]
Starthilfekabel	jump lead ['dschamp ˌlihd]
Stau	traffic jam ['träfik dschäm]
Straße	street [striht], road [raud]
Straßenkarte	road map ['raud mäp]

Tachometer	speedometer [spi'domita]
Tankstelle	petrol station ['pätrl 'stäischn], filling ['filing] station, (Am gas) [gäs] station
Tramper	hitch-hiker ['hitsch,haika]
Umleitung	diversion [dai'wöhschn]
Ventil	valve [wälw]
Vergaser	carburettor ['kahbjuräta]
Versicherungskarte, grüne	green card ['grihn 'kahd]
Vollkasko	fully comprehensive insurance ['fuli 'komprihänsiw in'schuarans]
Wagen|heber	jack [dschäk]
~wäsche	car wash ['kah 'wosch]
Warn|blinker	hazard warning light ['häsad 'wohning ,lait]
~dreieck	warning triangle ['wohning 'traiängl]
Wegweiser	sign [sain]
Werk|statt	(Auto~) garage ['gärahdsch]
~zeug	tools [tuhls]
Zünd|kerze	spark plug ['spahk plag]
~schloss	ignition switch [ig'nischn switsch]
~schlüssel	ignition key [ig'nischn kih]
Zündung	ignition [ig'nischn]

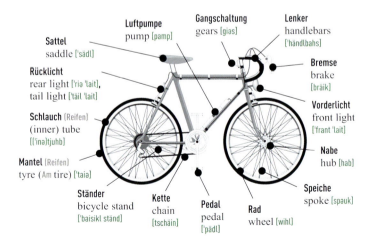

Luftpumpe
pump [pamp]

Gangschaltung
gears [gias]

Lenker
handlebars ['händlbahs]

Sattel
saddle ['sädl]

Bremse
brake [bräik]

Rücklicht
rear light ['ria 'lait], tail light ['täil 'lait]

Vorderlicht
front light ['frant 'lait]

Schlauch (Reifen)
(inner) tube [['ina]tjuhb]

Nabe
hub [hab]

Mantel (Reifen)
tyre (Am tire) ['taia]

Speiche
spoke [spauk]

Ständer
bicycle stand ['baisikl ständ]

Kette
chain [tschäin]

Pedal
pedal ['pädl]

Rad
wheel [wihl]

UNTERWEGS

AUTO-/MOTORRAD-/FAHRRADVERMIETUNG
CAR/MOTORBIKE/BICYCLE HIRE [kah/'mautabaik/'baisikl haia]

Ich möchte ...	I'd like to hire ... [aid 'laik ta 'haia]
ein Auto	a car [a 'kah]
ein Motorrad	a motorbike [a 'mautabaik]
einen Roller	a scooter [a 'skuhta]
ein Fahrrad	a bike [a 'baik]
für ... Tage/eine Woche mieten	for ... days/for a week. [fa ''däis/far_a 'wihk]
Wie hoch ist die Tages-/ Wochenpauschale?	How much does it cost per day/week? ['hau 'matsch das_it 'kost pa 'däi/'wihk]
Wie viel verlangen Sie pro gefahrenen km?	What do you charge per mile? ['wot da ju 'tschahdsch pa 'mail]
Ist das Fahrzeug vollkaskoversichert?	Does the vehicle have comprehensive insurance? ['das θa 'wihikl häw ,kompri'hänsiw_in'schuarans]
Ist es möglich, das Fahrzeug in ... abzugeben?	Is it possible to leave the car in ...? [is_it 'posibl ta ,lihw θa 'kahr_in ...]

... MIT DEM FLUGZEUG

ABFLUG | TAKE-OFF ['täik_of]

Wo ist der Schalter der ...-Fluggesellschaft?	Where's the ... counter? ['weas θa 'kaunta]
Wann fliegt die nächste Maschine nach ...?	When's the next flight to ...? ['wäns θa 'näkst 'flait tu ...]
Ich möchte einen einfachen Flug/Hin- und Rückflug nach ... buchen.	I'd like to book a single/return flight to ... [aid laik ta buk_a 'singl/ri'töhn flait tu ...]
Sind noch Plätze frei?	Are there still seats available? [ah θea stil 'sihts_a'wäilabl]
Ich möchte diesen Flug stornieren/umbuchen.	I'd like to cancel this flight/change the booking. [aid laik ta 'känsal θis 'flait/tschäindsch θa 'buking]
Wann muss ich am Flughafen sein?	When do I have to be at the airport? ['wän du_ai ,häw ta'bih_at θi_'eapoht]

Gibt es für den Flug einen Vorabend-/Telefon-/Internet-Checkin?	Is it possible to check in for the flight the evening before/by telephone/on the Internet? [is it 'pasəbl tu tschäk_in fə θə flait θə 'ihwning bi'foh / bai 'tälifaun / on θə 'intanät]
Kann ich das als Handgepäck mitnehmen?	Can I take this as hand luggage? [kan_ai 'täik 'θis_əs 'händ 'lagidsch]
Hat die Maschine nach ... Verspätung?	Is the plane to … late? [is θə pläin tu 'läit]

■ ANKUNFT | ARRIVAL [ə'raiwl] ■

| Mein Gepäck ist verloren gegangen. | My luggage is missing. [mai 'lagidsch is 'mising] |
| Mein Koffer ist beschädigt worden. | My suitcase has been damaged. [mai 'sjuhtkäis has bin 'dämidschd] |

Ankunftszeit	time of arrival [taim əw ə'raiwl]
Anschluss	connection [kə'näkschn]
Anschnallgurt	seat belt ['siht bält]
an Bord	on board [on 'bohd]
Bordkarte	boarding card ['bohding kahd]
Buchung	booking ['buking]
Direktflug	direct flight [di'räkt flait]
einchecken	to check in [͵tschäk 'in]
Fenstersitz	window seat ['windau siht]
Flug	flight [flait]
~gesellschaft	airline ['eəlain]
~hafenbus	airport bus ['eapoht 'bas]
~hafengebühr	airport tax ['eapoht 'täks]
~plan	(flight) timetable [('flait)'taim͵täibl]
~strecke	route [ruht]
~zeug	plane [pläin]
Gepäck	luggage ['lagidsch] (Am baggage ['bägidsch])
Handgepäck	hand luggage/baggage ['händ 'lagidsch/'bägidsch]
Kapitän	captain ['käptin]
Landung	landing ['länding]
Not|ausgang	emergency exit [i'möhdschənsi 'äksit]
~landung	emergency landing [i'möhdschənsi 'länding]
Pilot/in	pilot ['pailət]
planmäßiger Abflug	scheduled time of departure ['schädjuhld 'taim əw di'pahtschə]
Rollfeld	runway ['ranwäi]
Schalter	counter ['kauntə]
Schwimmweste	life jacket ['laif ͵dschäkit]

> *www.marcopolo.de/englisch*

Sicherheitskontrolle	security control [si'kjuarəti kən'traul]
Steward/ess	steward/stewardess [stjuəd/ˌstjuə'däs]
stornieren	to cancel ['känsl]
umbuchen	to change the booking [tschäindsch θə 'buking]
Verspätung	delay [di'läi]
zollfreier Laden	duty-free shop ['djuhti'frih schop]
Zwischenlandung	stopover ['stopˌauwə]

... MIT DEM ZUG

▪AM BAHNHOF | AT THE STATION [at θə 'stäischn]

Wann fährt der nächste Zug nach ...?	When's the next train to ...? ['wäns θə 'näkst träin tu ...]
Eine einfache Fahrt 2. Klasse/ 1. Klasse nach ..., bitte.	A second-class/first-class single to ..., please. [ə 'säknd klahs/'föhst klahs 'singl tu plihs]
Zweimal ... hin und zurück, bitte.	Two returns to ..., please. ['tuh ri'töhns tu plihs]
Gibt es eine Ermäßigung für Kinder/Studenten?	Is there a reduction for children/students? ['is θearˌə ri'dakschn fə 'tschildrən/'stjuhdnts]
Bitte eine Platzkarte für den Zug um ... Uhr nach ...	I'd like to reserve a seat on the ... o'clock train to ... [aid 'laik tə ri'söhwˌə 'siht on θə ə'klok träin tu]
Ich möchte diesen Koffer als Reisegepäck aufgeben.	I'd like to register this case. [aid 'laik tu 'rädschistə θis 'käis]
Hat der Zug aus ... Verspätung?	Is the train from ... running late? [is θə träin frəm 'raning 'läit]
Habe ich in ... Anschluss nach .../an die Fähre?	Is there a connection to .../a ferry at ...? [is θearˌə kə'näkschn tu/ˌə 'färi at]
(Wo) Muss ich umsteigen?	(Where) Do I have to change? [['weə] duˌai häwˌtə 'tschäindsch]
Von welchem Gleis fährt der Zug nach ... ab?	Which platform does the ... train leave from? [witsch 'plätfohm das θə träin 'lihw from]
Kann ich ein Fahrrad mitnehmen?	Can I take a bicycle? [kan ai täik ə 'baisikl]

▪IM ZUG | ON THE TRAIN [on θə träin]

Verzeihung, ist dieser Platz noch frei?	Excuse me, is this seat free? [iks'kjuhs 'mih s 'θis 'siht 'frih]
Hält dieser Zug in ...?	Does this train stop in ...? ['das θis träin 'stop in]

Abfahrt	departure [di'pahtscha]
Abfahrtszeit	time of departure [taim aw di'pahtscha]
Abteil	compartment [kəm'pahtmənt]
ankommen	to arrive [ə'raiw]
Anschlusszug	connecting train [kə'näkting träin]
Aufenthalt	stop [stop]
aussteigen	to get out ['gät 'aut]
Autoreisezug	motorail service ['mautəräil 'söhwis]
Bahn|hof	station ['stäischn]
~hofsrestaurant	station restaurant ['stäischn 'rästrohng]
besetzt	(Toilette) engaged [in'gäidschd]; (Platz) taken ['täikn]
einsteigen	to get on ['gät 'on]
Ermäßigung	reduction [ri'dakschn]
Fahr|karte	ticket ['tikit]
~kartenschalter	ticket office ['tikit ˌofis]
~plan	timetable ['taimˌtäibl]
~preis	fare [feə]
Fensterplatz	window seat ['windau siht]
frei	(Toilette) vacant ['wäiknt]; (Platz) free [frih]
Gepäck	luggage ['lagidsch] (Am baggage ['bägidsch])
~ablage	luggage rack ['lagidsch räk]
~aufbewahrung	left-luggage office ['läft 'lagidsch ˌofis]
~schein	left-luggage ticket ['läft 'lagidsch ˌtikit]
Gleis	platform ['plätfohm]
Hauptbahnhof	main station ['mäin 'stäischn]
Kinderfahrkarte	half [hahf]
Nichtraucherabteil	no-smoking compartment ['nauˈsmauking kəm'pahtmənt]
Notbremse	emergency brake [ɪ'mohdschənsl 'bräik]
Raucherabteil	smoking compartment ['smauking kəm'pahtmənt]
Rückfahrkarte	return ticket [ri'töhn 'tikit]
Schlafwagen	sleeping car [slihping kah]
Schließfach	left-luggage locker [läft 'lagidsch lockə]
Sitzplatzreservierung	seat reservation [siht räsəwäischn]
Speisewagen	restaurant car ['rästrohng kah]
Stromanschluss	power socket [pauə 'sokit]
Toilette	toilet ['toilit]
Wartehalle	waiting room ['wäitingrum]
Zug	railway ['räilwäi]; (Zug) train [träin]
~fähre	train ferry ['träin ˌfäri]
Zuschlag	supplement ['saplimənt]

... MIT DEM SCHIFF

■ IM HAFEN | AT THE PORT [at θə poht]

Wann fährt das nächste Schiff/die nächste Fähre nach ... ab?	When does the next ship/the next ferry leave for ... ['wän das θə 'näkst 'schip/θə 'näkst 'färi 'lihw foh]
Wie lange dauert die Überfahrt?	How long does the crossing take? ['hau 'long das θə 'krosing 'täik]
Ich möchte eine Schiffskarte nach ...	I'd like a ticket to ... [aid laik ə 'tikit tu]
Ich möchte eine Karte für die Rundfahrt um ... Uhr.	I'd like a ticket for the round trip at ... o'clock. [aid laik ə 'tikit fə θə 'raund 'trip ̯at ə'klok]
Wann legen wir in ... an?	When do we land at ...? ['wän du ̯wi länd ̯at ...]

■ AN BORD | ON BOARD [on 'bohd]

Wo ist der Speisesaal/ der Aufenthaltsraum?	Where's the restaurant/lounge? ['weas θə 'rästarohng/'laundsch]
Ich fühle mich nicht wohl.	I don't feel well. [ai 'daunt fihl 'wäl]
Geben Sie mir bitte ein Mittel gegen Seekrankheit.	Could you give me something for seasickness, please. ['kud ju giw ̯mi 'samθing fə 'sihsiknis plihs]

Anlegeplatz	dock [dok]
an Bord	on board [on 'bohd]
Dampfer	steamer ['stihmə], steamship ['stihmschip]
Deck	deck [däk]
Fähre	ferry ['färi]
Auto~	car ferry ['kah ̦färi]
Eisenbahn~	train ferry ['träin ̦färi]
Fahrkarte	ticket ['tikit]
Festland	mainland ['mäinländ], dry land ['drai 'länd]
Hafen	port [poht]
Kabine	cabin ['käbin]
Kajüte	cabin ['käbin]
Kapitän	captain ['käptin]
Küste	coast [kaust]
Landausflug	excursion [iks'köhschn]
Luftkissenboot	hovercraft ['howəkrahft]
Motorboot	motorboat ['mautəbaut]
Rettungs|boot	lifeboat ['laifbaut]

~ring	lifebelt ['laifbält]
Ruderboot	rowing boat ['rauing baut]
Schwimmweste	life-jacket ['laif͜dschäkit]
Seegang	rough seas ['raf 'sihs]
seekrank	seasick ['sihsik]
Steward	steward [stjuad]
Welle	wave [wäiw]

NAHVERKEHR

■ **BUS / U-BAHN** | BUS / UNDERGROUND ['bas/'andagraund]

Bitte, wo ist	Excuse me, where's the nearest …
die nächste …	[iks'kjuhs 'mih 'weas θə 'niarist]
Bushaltestelle?	bus stop? ['bas 'stop]
Straßenbahnhaltestelle?	tram stop? ['träm 'stop]
U-Bahnstation?	underground station? ['andagraund 'stäischn]
Welche Linie fährt nach …?	Which line goes to … ? ['witsch lain gaus͜tə …]
Wann fährt der Bus ab?	What time does the bus leave?
	['wot 'taim das θə bas 'lihw]
Wo muss ich aussteigen/	Where do I have to get out/change?
umsteigen?	['wea du͜ai häw͜tə gät 'aut/'tschäinsch]
Sagen Sie mir bitte, wenn	Will you tell me when we're there, please.
ich aussteigen muss.	[wil͜ju 'täl mi wän wia 'θea plihs]
Wo kann ich den Fahrschein	Where can I buy a ticket? ['wea kan͜ai bai͜ə 'tikit]
kaufen?	
Bitte, einen Fahrschein	To …, please. [tu plihs]
nach …	
Kann ich ein Fahrrad	Can I take a bicycle? [kan ai täik ə 'baisikl]
mitnehmen?	
Abfahrt	departure [di'pahtscha]
aussteigen	to get out ['gät 'aut]
Bus	bus [bas]
einsteigen	to get on ['gät 'on]
Endstation	terminus ['töhminas]
Fahr|er	driver ['draiwa]
~kartenautomat	ticket machine ['tikit ma'schihn]
~plan	timetable ['taim͜täibl]
~preis	fare [fea]
~schein	ticket ['tikit]
Haltestelle	stop [stop]

UNTERWEGS

Knopf drücken	to press the button [präs θa 'batn]
Kontrolleur	inspector [in'späkta]
lösen (Fahrschein)	to buy a ticket [bai a 'tikit]
Netzkarte	travelcard ['träwlkahd]
Schaffner	ticket-collector ['tikitka'läkta], conductor [kan'dakta]
Straße	street [striht], road [raud]
Straßenbahn	tram [träm]
Tageskarte	one-day travelcard ['wandäi 'träwlkahd]
U-Bahn	underground ['andagraund]
Wochenkarte	weekly season ticket ['wihklı 'sıhsn ˌtlkit]

■ TAXI | TAXI ['täksi]

Könnten Sie mir bitte ein Taxi rufen?	Would you call a taxi for me, please? ['wud juh kohl a 'täksi fa mi plihs]
Wo ist der nächste Taxistand?	Where's the nearest taxi rank? [weas θa 'niarist 'täksiränk]
Zum Bahnhof.	To the station. [tu θa 'stäischn]
Zum ... Hotel.	To the … Hotel. [tu θa hau'täl]
In die ...-Straße.	To … Street. [tu striht]
Nach ..., bitte.	To …, please. [tu plihs]
Wie viel kostet es nach ...?	How much will it cost to …? [hau 'matsch wil ˌit 'kost ta …]
Das ist zu viel.	That's too much. [θäts tu matsch]
Halten Sie bitte hier.	Could you stop here, please? ['kud ju 'stop 'hıa plihs]
Das ist für Sie.	That's for you. ['θäts fa juh]
Die Quittung, bitte.	I'd like a receipt, please [aid 'laik a ri'siht plihs]

Fahrpreis	fare [fea]
Taxifahrer	taxi driver ['täksi ˌdraiwa]
~stand	taxi rank ['täksi ränk]
Trinkgeld	tip [tip]

MITFAHREN

Fahren Sie nach ...?	Are you going to ...? [ah juh 'gauing tu]
Könnte ich ein Stück mitfahren?	Could you give me a lift? ['kud(juh giw mi a lift]
Ich würde gerne hier aussteigen.	I'd like to get out here. [aid 'laik tu gät aut hia]
Vielen Dank fürs Mitnehmen.	Thank you very much for the lift. [θänkju 'wäri 'matsch fa θa lift]

> KULINARISCHE ABENTEUER

Mit Spaß bestellen und mit Genuss essen – denn für Sie ist die
Speisekarte in Landessprache kein Buch mit sieben Siegeln.

◾ ESSEN GEHEN | GOING FOR A MEAL [gauing fa a mihl]

Wo gibt es hier ...
  ein gutes Restaurant?
  ein typisches Restaurant?

Is there … here? ['is θear_'hia]
  a good restaurant [_a 'gud 'rästarohng]
  a restaurant with local specialities
    [_a 'rästarohng wiß 'laukl ,späschi'älitis]

Reservieren Sie uns bitte für
  heute Abend einen Tisch
  für 3 Personen.

Would you reserve us a table for three for
  this evening, please? ['wud_ju ri'söhw as_a 'täibl fa 'θrih fa
  θis_'ihwning plihs]

Ist dieser Tisch/Platz
  noch frei?

Is this table/seat free? [is θis 'täibl/'siht 'frih]

ESSEN UND TRINKEN

Einen Tisch für 2/3 Personen, bitte.	A table for two/three, please. [ə ˈtäibl fə ˈtuh/ ˈθrih plihs]
Wo sind bitte die Toiletten?	Where are the toilets, please? [ˈweərə θə ˈtoilits plihs]
	> Kasten S. 72
Guten Appetit!	Enjoy your meal! [inˈdschoi joh mihl]
Prost!	Cheers! [tschiəs]
Das Essen ist/war ausgezeichnet!	The food is / was great. [θə fuhd is / wos gräit]
Ich bin satt, danke.	I'm full, thank you. [aim fuhl θänkju]
Stört es Sie, wenn ich rauche?	Do you mind if I smoke? [Dju maind if ai smauk]

■ BESTELLUNG | ORDERING ['ohdəring] ■

Herr Ober, bitte die ...	Waiter, could I have the ..., please ['wäitə 'kud_ai häw θə 'mänjuh plihs]
Speisekarte.	menu ['mänjuh]
Getränkekarte.	drinks list [drinks list]
Weinkarte.	wine list [wain list]
Was können Sie mir empfehlen?	What can you recommend? ['wot kan_ju ,räkə'mänd]
Ich bin Vegetarier/in.	I'm a vegetarian. [aim ə wädschi'täariən]
Was nehmen Sie als Vorspeise/Hauptgericht/Nachtisch?	What would you like as a starter/for your main course/for dessert? ['wot wud_ju 'laik_as_ə 'stahtə/fə joh 'mäin kohs/fə di'söht]
Ich nehme ...	I'll have ... [ail häw ...]
Wir haben leider kein/e ... mehr.	I'm afraid we've run out of ... [aim_ə'fräid wihw 'ran_'aut_aw ...]
Was wollen Sie trinken?	What would you like to drink? ['wot wud_ju 'laik tə 'drink]
Bitte ein Glas ...	A glass of ..., please. [ə 'glahs_aw plihs]
Bitte eine Flasche/eine halbe Flasche ...	A bottle of/Half a bottle of ..., please. [ə 'botl_aw/'hahf_ə 'botl_aw plihs]
Bitte bringen Sie uns ...	Bring us ..., please. ['bring_əs plihs]

■ REKLAMATION | COMPLAINTS [kam'pläints] ■

Das Essen ist kalt.	The food is cold. [θə fuhd is 'kauld]
Das Fleisch ist nicht durch.	The meat is not fully cooked. [θə miht is not fuli kukt]
Haben Sie mein/e ... vergessen?	Have you forgotten my ...? [haw_ju tə'gotn mai]
Das habe ich nicht bestellt.	I didn't order that. [ai 'didnt 'ohdə 'θät]
Holen Sie bitte den Chef.	Fetch the manager, please. ['fätsch θə 'mänidscha plihs]

■ BEZAHLEN | PAYING [paing] ■

Bezahlen, bitte.	Could I have the bill, please? ['kud_ai häw θə 'bil plihs]
Bitte alles zusammen.	All together, please. ['ohl tə'gäθə plihs]
Könnte ich bitte eine Quittung bekommen?	Could I have a receipt, please? [kud ai haw ə ri'siht plihs]
Getrennte Rechnungen, bitte.	Separate bills, please. ['säprit 'bils plihs]
Das ist für Sie.	That's for you. ['θäts fə 'juh]
Es stimmt so.	Keep the change. ['kihp θə 'tschäinsch]
Das Essen war ausgezeichnet.	The food was excellent. [θə fuhd wos äksälint]

ESSEN UND TRINKEN

Vielen Dank für die Einladung! Thank you very much for the invitation.
[θänkju 'wäri 'matsch fə θa in'watäschn]

Abendessen	dinner ['dinə]
Beilage	side dish ['said disch] > S. 49 f.
Besteck	cutlery: knife, fork and spoon ['katləri, 'naif, 'fohk an 'spuhn]
Bestellung	order ['ohdə]
Diabetiker	diabetic [‚daiə'bätik]
durchgebraten	well-done ['wäl'dan]
Essig	vinegar ['winigə]
fettarm	low-fat [lau fät]
frisch	fresh [fräsch]
Frühstück	breakfast ['bräkfəst] > S. 46
Gabel	fork [fohk]
gebacken	baked [bäikt]

WIE DIE EINHEIMISCHEN

Insider Tipps

Wait to be seated
In Restaurants ist es üblich abzuwarten bis einen der Chefkellner zum Tisch bringt. Dies gilt nicht für Snackbars (*snack bars* = GB, *diners* [dainəs] = US) und Imbissbuden.

Enjoy your meal
In Großbritannien und den USA gibt es keine Entsprechung zu unserem „Guten Appetit". Gelegentlich hört man "*Enjoy your meal*, aber normalerweise sagt man gar nichts.

Cheers!
In britischen Pubs ist es üblich die Getränke an der Theke zu bestellen und gleich zu bezahlen. Zur Pubtradition gehört es auch, für alle, die am Tisch sitzen oder zu Ihrer Gruppe gehören, zu bestellen und mit zu bezahlen. Da diese Tradition für alle gilt, ist jeder einmal dran, eine Runde auszugeben. Dasselbe gilt auch fürs Rauchen: Man bietet allen in der Runde eine Zigarette an – muss sie aber nicht nehmen! Tischbedienung ist zwar im Aufwärtstrend, aber eigentlich nur in Restaurants zu finden.

Trinkgeld
Denken Sie daran, dass besonders in den USA die Gehälter der Bedienungen sehr niedrig sind. Es ist üblich ein Trinkgeld von 15–20 % zu geben, vorausgesetzt natürlich, dass Sie mit der Bedienung auch zufrieden waren.

Gericht	dish [disch]
Getränk	drink [drink] > S. 45, 52 f.
Gewürz	seasoning ['sihsning], spice [spais]
Glas	glass [glahs]
Gräten	fishbones ['fischbauns]
Hauptspeise	main course ['mäin 'kohs] > S. 47 ff.
heiß	hot [hot]
kalorienarm	low-calorie [lau 'kälari]
kalt	cold [kauld]
Kellner/in	waiter/waitress ['wäita/'wäitris]
Kinderteller	children's portion ['tschildrans 'pohschn]
Knoblauch	garlic ['gahlik]
Koch	cook [kuk]
kochen	to cook [kuk], (Wasser) to boil [boil]
Löffel	spoon [spuhn]
Messer	knife [naif]
Mittagessen	lunch [lantsch]
Nachtisch	dessert [di'söht], sweet [swiht] > S. 50 f.
Ober (Anrede)	waiter ['wäita]
Öl	oil [oil]
Pfeffer	pepper ['päpa]
Portion	portion ['pohschn]
roh	raw [roh]
Salz	salt [sohlt]
sauer	sour ['saua]
scharf	hot [hot]
Senf	mustard ['mastad]
Serviette	serviette [ˌsɘhwi'ät], napkin ['näpkin]
Soße	sauce [sohs]; (Braten~) gravy ['gräiwi]
Suppe	soup [suhp] > S. 47
süß	sweet [swiht]
Tagesgericht	dish of the day ['disch aw ða 'däi]
Tasse	cup [kap]
Teller	plate [pläit]
Trinkgeld	tip [tip]
vegetarisch	vegetarian [ˌwädschi'tearian]
Vollkorn	wholemeal ['haulmihl]
Vorspeise	hors d'œuvre [oh'döhwr], starter ['stahta] > S. 46
Wasser	water ['wohta]
würzen	to season ['sihsn]
zäh	tough [taf]
Zahnstocher	toothpick ['tuhθpik]
Zitrone	lemon ['läman]
(ohne) Zucker	(without) sugar [(wiθaut) schuhga]

> www.marcopolo.de/englisch

ESSEN UND TRINKEN

salad
[ˈsälad]

beans
[bihns]

pepperoni
[päparauni]

paprika
[ˈpäprika]

tomatoes
[taˈmahtaus]

cucumber
[ˈkjuhkambə]

cauliflower
[ˈkoliflauə]

broccoli
[brokkoli]

artichokes
[ahtitschauks]

mushrooms
[ˈmaschrums]

aubergines
[aubaschihns]

celeriac
[säläriahk]

potatoes
[paˈtäitaus]

onions
[ˈanjəns]

garlic
[ˈgahlik]

ginger
[dschindscha]

avocado
[ˌäwaˈkahdau]

carrots
[ˈkärats]

cabbage
[ˈkäbidsch]

leek
[lihk]

asparagus
[asˈpäragas]

lentils
[läntls]

pumpkin
[ˈpampkin]

courgette
[kohschät]

peas
[pihs]

chickpeas
[tschikpis]

spinach
[spinatsch]

sweetcorn
[ˈswihtkohn]

sage
[säidsch]

mint
[mint]

parsley
[pahsli]

rosemary
[rausmari]

apricots
['äiprikots]

bananas
[ba'nahnas]

pineapple
['pain äpl]

mango
['mängau]

strawberries
['strohbris]

peaches
['pihtschis]

kiwi fruit
[kiwi fruht]

grapes
[gräips]

apples
['äpls]

pears
[peas]

bilberries
[bilbaris]

cherries
['tschäris]

currants
[körants]

oranges
['orindschis]

lemon
['läman]

lime
[laim]

papaya
[päpaijah]

watermelon
['wohta melan]

honeydew melon
['hanidjuh melan]

grapefruit
['gräipfruht]

pomegranate
['pomägrahnit]

plums
[plams]

yellow plums
['jälau plams]

figs
[figs]

lychee
[litschi]

grapefruit
['gräipfruht]

coconut
['kaukanat]

chestnut
[tschästnaht]

peanuts
[pinats]

cranberries
[kranbris]

dried fruit
[draid fruht]

mixed nuts and raisins
[mikst nahts an räisins]

> www.marcopolo.de/englisch

ESSEN UND TRINKEN

bread/toast
[bräd/taust]

brown rye bread
[braun rai bräd]

wholemeal bread
['haulmihl bräd]

baguette (French bread)
[bag'ät (frändsch bräd)]

bagel
[bagel]

pretzel
[prätsel]

croissant
[krusohng]

crispbread
['krihspbräd]

flat bread/nan bread
[flät bräd /nän bräd]

rolls
[/rauls]

wholemeal bread rolls
['haulmihl bräd rauls]

pumpernickel (black bread)
[pumpanikel (bläk bräd)]

waffles
[wohfils]

doughnut
[daunat]

Danish pastry
[dänisch pästri]

cake
[käik]

rice waffles
[rais wohfils]

muesli
[mjuhsli]

cereal
[sirial]

yoghurt
[jaugat]

butter
['batta]

eggs
[ägs]

cheese
[tschihs]

milk
[milk]

Danish blue
['däinisch 'bluh]

camembert
[kämombah]

cream cheese
['krihm 'tschihs]

curd cheese with herbs
[körd tschihs wiθ härbs]

individually wrapped cheese
[andawadjuhali räpt tschihs]

parmesan cheese
[pamisän tschihs]

sheep's cheese
[schips tschihs]

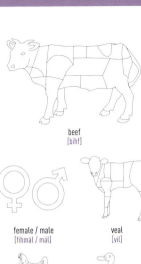

beef
[bihf]

offal
[offəl]

female / male
[fihmäl / mäl]

veal
[vil]

pork
[pohk]

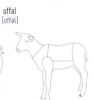

lamb
[lahm]

chicken
['tschikin]

duck
['dak]

rabbit
[rahbet]

wild boar
[waild boh]

joint of meat
[dschoint əw miht]

diced meat
[daist miht]

minced meat
['minst 'miht]

Russian kebab
[ruschän käbab]

steak
['stäik]

fillet/tenderloin
['filit / tändəloin]

chop/cutlet
[tschop/'katlit]

roast beef
[raust bihf]

sausages
['sosidschis]

sausage
['sosidsch]

salami
[sälahmi]

cooked ham
[kukt häm]

smoked ham
[smaukt häm]

bacon
[bäkon]

roast chicken
[raust 'tschikin]

leg of chicken
[läg əw 'tschikin]

> www.marcopolo.de/englisch

ESSEN UND TRINKEN

sea bass
['sih bäs]

trout
[traut]

tuna
['tuhnə]

salmon
['sämən]

sardines
[sah'dihns]

shrimps
[schrimps]

scampi
[skämpi]

lobster
[lobstə]

mussels
['massls]

squid
[skwid]

oysters
['oistəs]

caviar
[kawiah]

mineral water/still
['minrl 'wohta stil]

mineral water/sparkling
['minrl 'wohta spahkling]

milk
[milk]

soya milk
[saujah milk]

juice
[dschus]

coca cola
['kauka 'kaula]

energy drink
[änadschih drink]

beer
[biə]

tea
[tih]

coffee
['kofi]

cocoa
[kaukau]

ice cubes
[ais kjuhbs]

red wine
[räd wain]

white wine
[wait wain]

sparkling wine
['spahkling wain]

cocktail
[kohktäil]

■ BREAKFAST ['bräkfast] | FRÜHSTÜCK ■

 Zeigebilder: Seite 42 f.

scrambled eggs ['skrämbld 'ägs]	Rühreier
poached eggs ['pautscht 'ägs]	verlorene Eier
bacon and eggs ['bäikn ən 'ägs]	Eier mit Speck
fried eggs ['fraid 'ägs]	Spiegeleier
hard-boiled/soft-boiled eggs ['hahdboild/'softboild ägs]	harte/weiche Eier
(cheese/mushroom/tomato) omelette [(tschihs/'maschrum/tə'mahtəu)'omlitt]	(Käse-/Champignon-/ Tomaten-)Omelett
kippers ['kippəs]	Bücklinge
bread/rolls/toast [bräd/rəuls/təust]	Brot/Brötchen/Toast
butter ['battə]	Butter
honey ['hanni]	Honig
jam/marmalade [dschäm/'mahməläid]	Marmelade/Orangenmarmelade
muffin ['mafin]	Küchlein
porridge ['porridsch]	Haferbrei
yoghurt ['jogət]	Joghurt
fruit ['fruht]	Obst

■ HORS D'ŒUVRES [oh'döhwr] | VORSPEISEN ■

grapefruit cocktail ['gräipfruht 'kocktäil]	Grapefruitcocktail
liver sausage ['liwə 'sosidsch]	Leberwurst
ham [häm]	Schinken
clams [kläms]	Venusmuscheln
cockles ['kockls]	Herzmuscheln
mussels ['massls]	Muscheln
crab [kräbb]	Krebs
lobster ['lobstə]	Hummer
onion rings ['anjən rings]	frittierte Zwiebelringe
oysters ['oistəs]	Austern
sardines [sah'dihns]	Sardinen
shrimp/prawn cocktail ['schrimp/'prohn 'kocktäil]	Garnelencocktail
smoked salmon ['smaukt 'sämən]	Räucherlachs

SPEISEKARTE

SOUPS ['suhps] | SUPPEN

clear soup/consommé [klia suhp/kən'somäi]	Fleischbrühe
cream of asparagus soup [krihm əw as'pärəgəs suhp]	Spargelcremesuppe
cream of chicken soup [krihm əw 'tschikin suhp]	Hühnercremesuppe
cream of mushroom soup [krihm əw 'maschrum suhp]	Champignoncremesuppe
cream of tomato soup [krihm əw tə'mahtəu suhp]	Tomatencremesuppe
oxtail soup ['okstäil ʒuhp]	Ochsenschwanzsuppe
pea soup ['pih 'suhp]	Erbsensuppe
Scotch broth ['skotsch 'broß]	dicke Gemüsesuppe mit Fleisch
vegetable soup ['wädschtəbl suhp]	Gemüsesuppe

FISH [fisch] | FISCH

 Zeigebilder: Seite 45

cod [kod]	Kabeljau
eel [ihl]	Aal
haddock ['hädək]	Schellfisch
herring ['häring]	Hering
kipper ['kipə]	Räucherhering
mackerel ['mäkrəl]	Makrele
perch [pöhtsch]	Barsch
plaice [pläis]	Scholle
salmon ['sämən]	Lachs
sole [səul]	Seezunge
squid [skwid]	Tintenfisch
trout [traut]	Forelle
tuna ['tuhnə]	Thunfisch
mussels ['masls]	Muscheln
oysters ['oistəs]	Austern
prawns [prohns]	Garnelen
shrimps [schrimps]	Krabben

■ POULTRY ['paultri] | GEFLÜGEL

chicken ['tschikin]	Hähnchen
duck(ling) ['dak(ling)]	(junge) Ente
goose [guhs]	Gans
partridge ['pahtridsch]	Rebhuhn
pheasant ['fäsnt]	Fasan
turkey ['töhki]	Truthahn

■ MEAT [miht] | FLEISCH

 Zeigebilder: Seite 44

barbequed (B-B-Q) spare ribs ['bahbə‚kjuhd 'speə ribs]	gegrillte Schweinerippchen
beef [bihf]	Rindfleisch
chop/cutlet [tschop/'katlit]	Kotelett
fillet (steak) ['filit (stäik)]	Filet(steak)
gammon ['gämən]	Schinkensteak
gravy ['gräiwi]	Fleischsoße
ham [häm]	Schinken
hamburger ['hämböhgə]	dt. Beefsteak
hot steak sandwich [‚hot 'stäik 'sändwitsch]	Sandwich mit heißem Rinderbraten
Irish stew ['aiərisch 'stjuh]	Eintopf mit Fleisch und Kartoffeln
kidneys ['kidnis]	Nieren
lamb (with mint sauce) [läm (wiθ 'mint 'sohs)]	Lamm (mit einer sauren Minzsoße)
liver (and onions) ['liwə(r ən 'anjəns)]	Leber mit Zwiebeln
minced beef ['minst 'bihf]	Hackfleisch vom Rind
mutton ['matn]	Hammelfleisch
pork [pohk]	Schweinefleisch
pork pie [pohk 'pai]	Pastete gefüllt mit Schweinefleisch in Aspik (kalt)
rabbit ['räbit]	Kaninchen
rissoles ['risəuls]	Frikadellen
roast beef & Yorkshire pudding ['rəust 'bihf ən 'johkschə 'puding]	Roastbeef mit einer Portion gebackenem Eierteig
rump steak ['ramp stäik]	Rumpsteak
sausages ['sosidschis]	Würstchen
shepherd's pie ['schäpəds 'pai]	Auflauf aus Hackfleisch, Zwiebeln und Kartoffelbrei
sirloin steak ['söhloin stäik]	Lendenstück vom Rind
sirloin tip ['söhloin tip]	Lendenstück vom Rind

> www.marcopolo.de/englisch

SPEISEKARTE

T-bone steak [ˈtihbəun stäik]   Rindersteak mit T-förmigem
                                                Knochen

toad-in-the-hole [ˈtəud in θə ˈhəul]   Würstchen in gebackenem Eierteig
veal [wihl]   Kalbfleisch
veal, ham & egg pie [ˈwihl ˈhäm ən ˈäg ˈpai]   Pastete gefüllt mit Kalbfleisch,
                                                Schinken und Ei

venison [ˈwänisn]   Reh oder Hirsch

VEGETABLES [ˈwädschtəbl] | GEMÜSE

 Zeigebilder: Seite 41

avocado [ˌäwəˈkahdəu]	Avocado
beans [bihns]	Bohnen
baked beans [ˈbäikt ˈbihns]	gebackene Bohnen in Tomatensoße
beetroot [ˈbihtruht]	rote Beete (rote Rüben)
cabbage [ˈkäbidsch]	Kohl
carrots [ˈkärəts]	Karotten
cauliflower [ˈkoliflauə]	Blumenkohl
chips/French fries [tschips/ˈfränsch ˈfrais]	Pommes frites
corn-on-the-cob [ˈkohn on θə ˈkob]	Maiskolben
cress [kräss]	Kresse
cucumber [ˈkjuhkambə]	Gurke
fennel [ˈfänl]	Fenchel
hash browns [ˈhäsch bräuns]	Rösti-Ecken/Kartoffelpuffer
leek [lihk]	Lauch
lentils [ˈläntils]	Linsen
mushrooms [ˈmaschrums]	Champignons
onions [ˈanjəns]	Zwiebeln
paprika [ˈpäprikə]	Paprika
peas [pihs]	Erbsen
peppers [ˈpäpəs]	Paprikaschoten
potatoes [pəˈtäitəus]	Kartoffeln
baked potatoes [bäikt pəˈtäitəus]	gebackene Pellkartoffeln
boiled potatoes [boild pəˈtäitəus]	Salzkartoffeln
fritters [ˈfritəs]	Bratkartoffeln
mashed potatoes [mäscht pəˈtäitəus]	Kartoffelbrei
sauté potatoes [ˈsəutäi pəˈtäitəus]	Schwenkkartoffeln
sweet corn [ˈswihtkohn]	Mais
tomatoes [təˈmahtəus]	Tomaten

SALAD ['säləd] | SALAT

caesar salad ['sisə 'säləd]	Romagna-Salat mit Croutons und Parmesankäse
chef's salad ['schefs 'säləd]	Salat mit Schinkenstreifen, Tomaten, Käsestreifen und Oliven
taco salad ['toko 'säləd]	Tacoschale gefüllt mit grünem Salat, Hackfleisch mit Tacogewürzen, Tomaten, Käse, Oliven usw.
Waldorf salad ['woldoəf säləd]	Apfel- und Walnusssalat

CHEESE ['tschihs] | KÄSE

 Zeigebilder: Seite 43

Caerphilly [kah'fili]	trockener, weißer Käse
Cheddar ['tschädə]	kräftiger Käse
cheese spread ['tschihs 'spräd]	Streichkäse
Cheshire ['tschäschə]	Chesterkäse (mild)
Cottage cheese ['kottidsch 'tschihs]	Hüttenkäse
cream cheese ['krihm 'tschihs]	Frischkäse
Danish blue ['däinisch 'bluh]	Blauschimmelkäse
Edam ['ihdäm]	Edamer
goat's milk cheese ['gauts milk ˌtschihs]	Ziegenkäse
Gorgonzola [ˌgohgən'saulə]	Schimmelkäse
Stilton ['stiltn]	scharfer Schimmelkäse

DESSERT [di'söhrt] | NACHTISCH

apple tart/pie ['äpl 'taht/'pai]	Apfelkuchen/gedeckter Apfelkuchen
brownie ['bräuni]	Schokoladenplätzchen
chocolate layer cake ("devil's food cake") ['tschoklət 'läjə ˌkäk ('dewls fud käk)]	Schokoladentorte
cream [krihm]	Sahne
custard ['kastəd]	Vanillesoße
fruit cake ['fruht käik]	Kuchen mit viel Korinthen, Rosinen, usw.
fruit salad [fruht 'säləd]	Obstsalat
ice-cream ['ais'krihm]	Eiscreme
jam tart [ˌdschäm 'taht]	Törtchen mit Marmelade
lemon meringue ['leman ma'räng]	Zitrone mit Eischneedecke
pancakes ['pänkäiks]	Pfannkuchen

> *www.marcopolo.de/englisch*

SPEISEKARTE

pastries ['päistris]	Gebäck
rice pudding ['rais 'pudding]	Reisbrei
root beer float [rut biə flot]	Rootbier (Limonade) mit Vanilleeis
stewed fruit ['stjuhd 'fruht]	Kompott
trifle ['traifl]	Löffelbiskuit mit Sherry, Früchten, Vanillesoße und Schlagsahne

FRUIT ['fruht] | OBST

 Zeigebilder: Seite 42

Zeigebilder: Seite 42

apples ['äpls]	Äpfel
apricots ['äiprikots]	Aprikosen
bananas [bə'nahnəs]	Bananen
blackberries ['bläkbris]	Brombeeren
cherries ['tschäris]	Kirschen
coconut ['kaukanət]	Kokosnuss
dates [däits]	Datteln
figs [figs]	Feigen
gooseberries ['gusbaris]	Stachelbeeren
grapefruit ['gräipfruht]	Pampelmuse
grapes [gräips]	Weintrauben
lemon ['lämən]	Zitrone
mandarin ['mändərin]**, tangerine** [ˌtänschə'rihn]	Mandarine
melon ['mälən]	Melone
honeydew melon ['hanidjuh ˌmälən]	Honigmelone
watermelon ['wohtəˌmälən]	Wassermelone
oranges ['orindschis]	Apfelsinen
peaches ['pihtschis]	Pfirsiche
pears [peəs]	Birnen
pineapple ['painˌäpl]	Ananas
plums [plams]	Pflaumen
pumpkin ['pampkin]	Kürbis
rhubarb ['ruhbahb]	Rhabarber
strawberries ['strohbris]	Erdbeeren
southern pecan ['səθən pi'kan]	Pekan-Nuss

ALCOHOLIC DRINKS ['älkaholik drinks] | ALKOHOLISCHE GETRÄNKE

beer [biə]	Bier
bitter ['bitə]	halbdunkles Bier vom Fass
mild [maild]	dunkles Bier vom Fass
light/pale ale ['lait/'päil 'äil]	helles Flaschenbier
stout [staut]	Starkbier
lager ['lahgə]	helles Bier
wine [wain]	Wein
red [räd]	rot
white [wait]	weiß
dry [drai]	trocken
sweet [swiht]	lieblich
light [lait]	leicht
table wine ['täibl wain]	Tafelwein
champagne [schäm'päin]	Champagner
sparkling wine ['spahkling wain]	Sekt
cider ['saidə]	Apfelwein
cognac/brandy ['konjäk/'brändi]	Kognak
gin [dschin]	Gin
liqueur [li'kjuə]	Likör
rum [ram]	Rum
vodka ['wodkə]	Wodka
whisky ['wiski]	Whisky
malt whisky ['mohlt 'wiski]	Malt Whisky

SOFT DRINKS [soft drinks] | ALKOHOLFREIE GETRÄNKE

alcohol-free beer ['älkahol,frih 'biə]	alkoholfreies Bier
alcohol-free wine ['älkahol,frih wain]	alkoholfreier Wein
coca cola/pepsi cola ("coke") ['kaukə 'kaulə/'päpsi 'kaulə(kauk)]	Cola
soda water ['saudə ,wohtə]	Selterswasser
lemonade [,lämə'näid]	Limonade
milk ['milk]	Milch
mineral water ['minrl ,wohtə]	Mineralwasser
tonic water ['tonik ,wohtə]	Tonic
fruit juice ['fruht dschuhs]	Fruchtsaft
grapefruit juice ['gräip,fruht dschuhs]	Grapefruitsaft
lemon juice ['lämən dschuhs]	Zitronensaft
orange juice ['orindsch dschuhs]	Orangensaft
root beer ['rut ,biə]	süße, dunkle Limonade
tomato juice [ta'mahtau dschuhs]	Tomatensaft

> www.marcopolo.de/englisch

GETRÄNKEKARTE

■ HOT DRINKS [hot drinks] | WARME GETRÄNKE ■

tea (with milk/lemon) [tih (wiθ 'milk/'lämən)] — Tee (mit Milch/Zitrone)
coffee (with cream/milk) ['kofi (wiθ 'krihm/'milk)] — Kaffee (mit Sahne/Milch)
decaffeinated coffee [di'käfin‚äitid 'kofi] — koffeinfreier Kaffee
hot chocolate ['hot 'tschoklit] — heiße Schokolade

■ CAFÉ/ICE-CREAM PARLOUR [käfei/'ais krihm 'pahlə] | CAFÉ/EISDIELE ■

milk shake ['milk scheik] — Milchmixgetränk
cream [kri:m] — Sahne
ice(-cream) ['ais ('krihm)] — Eis
banana split [bə'nahnə 'split] — Eis mit Banane
chocolate ice ['tschoklit 'ais] — Schokoladeneis
knickerbocker glory ['nikə‚bokə 'glohri] — Spezialeisbecher
peach melba ['pihtsch 'melbə] — Eisbecher mit Pfirsich
strawberry ice ['strohbri 'ais] — Erdbeereis
sundae ['sandei] — Eisbecher (allgemein)
iced coffee ['aist 'kofi] — Eiskaffee
apple tart ['äpl 'taht] — Apfelkuchen
bun [bann] — Rosinenbrötchen
cherry cake ['tscheri keik] — Rührkuchen mit Glacé-Kirschen
doughnut ['daunat] — Krapfen, Berliner
fruit cake ['fruht keik] — Kuchen mit Trockenfrüchten
scone (with butter) [skon (wiθ 'battə)] — Teegebäck (mit Butter)
Swiss roll ['swis 'rəul] — mit Marmelade gefüllte Biskuitrolle

WIE DIE EINHEIMISCHEN

Insider Tipp

Englisch ≠ englisch

Wenn man in Großbritannien ein blutiges Steak essen will, wäre es falsch, „englisch" zu bestellen, sondern man sollte sich der Skala *well done* (gut durch), *medium* (medium), *medium rare* (halb-blutig) bis *rare* (blutig) bedienen. Es ist eine absolute Ausnahme, dass ein Brite sein Steak blutig haben will, d. h. die deutsche Bezeichnung „englisch" ist alles andere als englisch!

> ERFOLGREICH SHOPPEN

Mal ist es der schicke Schuh oder das schöne Souvenir, mal die Zahnbürste oder das Vollkornbrot – jetzt sind Sie für alle Eventualitäten gerüstet. Plus: praktische Zeigebilder

■ IM GESCHÄFT | IN THE SHOP [in ða schop]

Danke, ich sehe mich nur um.	Thanks. I'm just looking around. [ðänks aim dschast 'luking a'raund]
Wo finde ich … ?	Where can I find …? ['wea kan_ai 'faind …]
Ich möchte …	I'd like … [aid 'laik]
Haben Sie …?	Have you got …? ['haw_ju got]
Nehmen Sie Kreditkarten?	Do you take credit cards? [du_ju täik 'kräditkahds]
Wie viel kostet es?	How much is it? ['hau 'matsch is_it]
Das ist aber teuer.	That's a bit expensive. [ðäts a bit iks'pänsiw]
Können Sie am Preis noch etwas machen?	Is there any chance of a discount? [is ðäar 'äni tschäns aw a 'diskaunt]

EIN KAUFEN

Ich zahle höchstens ...	The maximum I'm prepared to pay is … [θə mäksəmöm aim präpead tu päi is]
Ich nehme es.	I'll take it. [ail 'täik_it]
Können Sie mir ein ...geschäft empfehlen?	Can you recommend a … shop? [kan_ju ˌräkə'mänd_a schop]

ÖFFNUNGSZEITEN OPENING HOURS ['aupning auas]

offen	open ['aupan]
geschlossen	closed [klausd]
Betriebsferien	closed for holidays [klausd fə_'holədi]

tourist information
[tuhrist infa'mäischn]

post office
['paust‿ofis]

chemist's
['kämists]

chemist's
['kämists]

baker's
['bäikas]

greengrocer's
['grihn‿grausas]

butcher's
['butschas]

organic food shop
[oh'gähnik fuhd schop]

shoe shop
['schuh schop]

optician's
[op'tischans]

jeweller's
['dschuhalas]

leather shop
['läða schop]

electrical goods
[i'läktrikal guds]

computer shop
[kompjuhta schop]

photographic materials
[‿fauta'gräfik ma'tiarials]

mobile communications centre
[maubail 'kohmjuhnakäischns 'säntə]

newsagent's
['njuhs‿äidschants]

bookshop
['bukschop]

music shop
['mjuhsik schop]

toy shop
['toi schop]

wine merchant's
['wain ‿möhtschants]

off-licence
['of‿laisns]

tobacconist's
[ta'bäkanists]

sports shop
['spohts schop]

florist's
[florists]

hairdresser's/barber's
['hea‿dräsas/['bahbas]

household goods
['haushauld guds]

travel agency
['träwl 'äidschansi]

Einkaufszentrum	shopping centre ['schoping‿sänta]
	(Am shopping mall ['schoping mäl])
Flohmarkt	flea market ['flih‿mahkit]
Kaufhaus	department store [di'pahtmant stoh]
Markt	market ['mahkit]
Reiseandenken	souvenir shop ['suhwania schop]
Supermarkt	supermarket ['suhpa‿mahkit]

> *www.marcopolo.de/englisch*

APOTHEKE | CHEMIST'S ['kämists]

Arzt: Seite 90 ff.

Wo ist die nächste Apotheke ?	Where's the nearest chemist's? ['weas ða 'niarist 'kämists]
Geben Sie mir bitte etwas gegen ...	Can you give me something for …? [kan ju giw mi 'samθing fa …]
Dieses Mittel ist rezeptpflichtig.	You need a prescription for this. [ju nihd_ə pri'skripschn fa 'θis]

MAN NEHME ... TAKE ... [täik]

innerlich	for internal use [fər_in'töhnl 'juhs]
äußerlich	for external use [fər_äks'töhnl 'juhs]
auf nüchternen Magen	on an empty stomach [on_an_'ämpti 'stamak]
vor dem Essen	before meals [bi'foh 'mihls]
nach dem Essen	after meals ['ahfta 'mihls]
im Mund zergehen lassen	let it dissolve/melt in your mouth ['lät_it di'solw/'mält in_joh 'mauθ]

weiter auf Seite 60.

WIE DIE EINHEIMISCHEN

Insider Tipps

Nehmen Sie Kreditkarten?

Wenn Sie in den USA etwas Teureres einkaufen, z. B. Unterhaltungselektronik oder Designerkleidung, lohnt sich meist die Frage, ob man es auf steuerfreier Basis erwerben kann (*tax-free shopping* [täks_fri schoping]). Nach Vorlage des Reisepasses bekommt man dann die Ware um Einiges billiger, d. h. mehrwertsteuerfrei (*free of sales tax* [fri aw säils täks]).

Schlange stehen

Die Briten sind dafür bekannt, dass sie in vielen Situationen ordentlich und geduldig Schlange stehen (*stand in a queue* [ständ in_a 'kjuh]). Besucher sollten sich dieser Gewohnheit anpassen, denn es gilt als extrem unhöflich, sich vorzudrängeln.

Sweetheart

"*Sweetheart!*" [swihthat], "*Dearie!*" [diəri], "*Darling*" ['dahling] (= „Mein Schatz"/„Mein Liebling"): Erschrecken Sie nicht, wenn Sie so im Geschäft, am Telefon oder sonst wo angesprochen werden. Es ist nicht anzüglich gemeint, sondern nur freundlich. Engländer und Amerikaner gehen mit diesen Worten recht großzügig um.

soap
[saup]

deodorant
[dih'audarnt]

cream
[krihm]

toilet-paper
['toilit,päipa]

toothbrush
['tuhθbrasch]

toothpaste
['tuhθpäist]

dental floss
[däntl flohs]

paper handkerchiefs
['päipa 'hänkatschifs]

shampoo
[schäm'puh]

hairspray
['heasprei]

comb/hairbrush
[kaum/'heabrasch]

mirror
['mira]

nail-file
['näilfail]

tweezers
['twihsas]

nail scissors
['näil ,sisas]

perfume
['pöhfjuhm]

tampons
['tämpans]

sanitary towels
['sänitri 'tauals]

mascara
[mä'skahra]

lipstick
['lipstik]

razor blade
['räisa bläid]

razor
['räisa]

after-shave lotion
['ahftaschäiw ,lauschn]

condom
['kondam]

suntan lotion
['santän ,lauschn]

hot-water bottle
[hot 'wohta 'botl]

plaster
['plahsta]

ear protection
[iha prautäkschn]

needle
[nihdl]

thread
[θräd]

safety pins
['säifti pins]

button
[batn]

ELEKTRO/COMPUTER/FOTO
ELECTRICAL GOODS/COMPUTER/PHOTOGRAPHY
[i'läktrkal guds/kompjuhta / faut'agrãfi]

torch
[tohtsch]

light bulb
[lait balb]

battery
['bätri]

adapter
[a'däpta]

laptop
[läptop]

battery charger lead
['bätri tschahdscha lid]

CD / DVD
[sidi / diwidi]

memory stick
[mämari stik]

printer
[prihnta]

scanner
[skäna]

mobile (phone)
[maubail (faun)]

battery charger
['bätri tschahdscha]

television
['täliwischn]

radio
['räidiau]

MP3 player / iPod
[äm p 0rih pläa /aipod]

headphones
['hädfauns]

digital camera
[didschitl kämra]

telephoto lens
['täli fautau läns]

rechargeable battery
['ritschahdschabl 'bätri]

memory card
[mämari cahd]

film
['film]

slide
[slaid]

underwater camera
['anda'wohta kämra]

film camera
['film kämra]

alarm clock
[älahm klok]

electric shaver
[i'läktrik schäiwr]

electric toothbrush
[i'läktrik 'tuh0brasch]

hair-dryer
['hea draia]

Abführmittel	laxative ['läksətiw]
Antibabypillen	contraceptive pills [ˌkontrə'säptiw pils]
Antibiotikum	antibiotics [ˌäntibaɪ'otiks]
Aspirin	aspirin ['äsprin]
Augentropfen	eye drops ['aɪ drops]
Beruhigungsmittel	sedative ['sädətiw], tranquilizer ['tränkwilaɪsə]
Brandsalbe	ointment for burns ['ointmənt fə 'böhns]
Desinfektionsmittel	disinfectant [ˌdisin'fäktənt]
Elastikbinde	elastic bandage [i'lästik 'bändidsch]
Fieberthermometer	thermometer [θə'momitə]
Gegengift	antidote ['äntidaut]
Halstabletten	throat lozenges ['θraut 'losinschis]
Hustensaft	cough mixture ['kof 'mikstschə]
Insektenmittel	insect repellent ['insäkt ri'pälənt]
Jod(tinktur)	(tincture of) iodine [('tinktschər əw] 'aɪədihn]
Kamillentee	camomile tea ['käməmaɪl 'tih]
Kohletabletten	charcoal tablets ['tschahkaul ˌtäblits]
Kondom	condom ['kondəm]
Kopfschmerztabletten	headache tablets ['hädiäk 'täblits]
Kreislaufmittel	cardiac stimulant ['kahdiäk 'stimjulənt]
Magenmittel	stomachic ['stə'mäkik]
Medikament	medicine ['mädsn]
Mullbinde	gauze bandage ['gohs 'bändidsch]
Nebenwirkungen	side effects ['said i'fäkts]
Ohrentropfen	ear drops ['iə drops]
Pflaster	plaster ['plahstə]
Rezept	prescription [pris'kripschn]
Salbe	ointment ['ointmənt]
Schmerztabletten	pain-killing tablets ['päinˌkiling 'täblits]
Sonnenbrand	sunburn ['sanˌböhn]
Tablette	tablet ['täblit], pill [pil]
Traubenzucker	glucose ['gluhkaus]
Tropfen	drops [drops]
Zäpfchen	suppository [sə'positəri]

■ FRISEUR | HAIRDRESSER'S [heaˌdräsəs]

Kann ich mich für morgen anmelden?	Can I make an appointment for tomorrow? [kən_ai mäik_ən a'pointmənt fə tə'morau]
Schneiden mit/ ohne Waschen, bitte.	Wash and cut/Dry cut, please. ['wosch_ən 'kat/'drai 'kat plihs]
Nicht zu kurz/Ganz kurz/ Etwas kürzer, bitte.	Not too short/Very short/A bit shorter, please. ['not 'tuh 'schoht/'wäri 'schoht/ə 'bit 'schohtə plihs]

> *www.marcopolo.de/englisch*

Rasieren, bitte.	I'd like a shave, please. [aid laik_a 'schäiw plihs]
Stutzen Sie mir bitte den Bart.	Would you trim my beard, please? [wud_ju 'trim_mai 'biad plihs]
Vielen Dank. So ist es gut.	Thank you. That's fine. ['θänkju. θäts 'fain]

Augenbrauen zupfen	pluck (your) eyebrows [plak (juhr) aibräus]
Bart	beard [biad]
färben	to dye [dai]
föhnen	to blow dry ['blau 'drai]
frisieren	to do someone's hair [duh 'samwans 'hea]
Frisur	hairstyle ['heastall]
glätten	straighten [sträitn]
Haar	hair [hea]
~schnitt	haircut ['heakat]
kämmen	to comb [kaum]
Locken	curls [köhls]
Pony	fringe [frihndsch]
Scheitel	parting ['pahting]
Schnurrbart	moustache [mas'tahsch]
Schuppen	dandruff ['dändraf]
Shampoo	shampoo [schäm'puh]
Spitzen schneiden	cut the ends [kuht θa änds]
Strähne	highlight [hailait]
Stufen	layers [läias]
tönen	to tint [tint]

WIE DIE EINHEIMISCHEN

drugs?

Insider Tipps

▶ Drugstore

In amerikanischen Drugstores werden zwar pharmazeutische Produkte *(drugs)* verkauft, aber ihr Hauptgeschäft besteht aus Erfrischungsgetränken, Süßigkeiten, Eisspezialitäten, Zeitschriften und Lebensmitteln.

▶ Hairs

Vermeiden Sie tunlichst den Plural von "*hair*", "*hairs*".
Lassen Sie sich vom Friseur lediglich das Haar und nicht die Haare schneiden. "*Hairs*" bedeutet nämlich „Schamhaare". Für die normalen Haare gibt es keinen Plural.

Können Sie mir … zeigen?	Can you show me …? [kən_ju 'schau mi]
Kann ich es anprobieren?	Can I try it on? [kən_ai 'trai_it_'on]
Welche (Konfektions-) Größe haben Sie?	What size do you take? [wot 'sais du_ju täik]
Das ist mir zu …	It's too … [its tuh]
eng/weit.	tight/big. ['tait/big]
kurz/lang.	short/long. ['schoht/'long]
klein/groß.	small/big. ['smohl/'big]
Das passt gut. Ich nehme es.	It's a good fit. I'll take it. [its_ə 'gud 'fit. ail 'täik_it]
Das ist nicht ganz, was ich möchte.	It's not quite what I wanted. [its 'not 'kwait wot_ai 'wontid]
Danke, ich denke nochmals darüber nach.	Thank you. I'll have to think about it. [θänkju ail häw tu θink ə'baut it]

KONFEKTIONSGRÖSSEN IN GROSSBRITANNIEN UND DEN USA

DAMENKLEIDER, KOSTÜME, MÄNTEL USW.

Amerikanisch	30	32	34	36	38	40	42
Britisch	32	34	36	38	40	42	44
Deutsch	38	40	42	44	46	48	50

HERRENANZÜGE, MÄNTEL USW.

Britisch	36	38	40	42	44	46
Deutsch	46	48	50	52	54	56

HERRENHEMDEN (KRAGENWEITE)

Britisch	13	13½	14	14½	15	15½	15¾	16	16½	17	17½
Deutsch	34	35	36	37	38	39	40	41	42	43	44

WIE DIE EINHEIMISCHEN

Insider **Tipp**

▶ **It fits like a glove** [it fits laik_ə glaw]
… („es passt wie ein Handschuh") sagt man auch bei anderen Kleidungsstücken: „es passt wie angegossen."

EINKAUFEN

T-shirt
['tischöht]

pullover
['pul‚auwə]

hooded pullover (hoody)
[hudid 'pulauwə (hudi)]

jacket
['dschäkit]

trousers
['trausəs]

shorts
[shohts]

skirt
[sköht]

belt
[bält]

blouse
[blaus]

shirt
[schöht]

(sports)jacket
[('spohts)'dschäkit]

cardigan
['kahdigən]

suit
[sjuht]

dress
[dräs]

suit
[sjuht]

coat
[kaut]

tights
[taits]

underwear
[andahwaa]

bathrobe
[bäθrəub]

socks/stockings
[soks/'stokings]

bathing trunks
['bäiθing tranks]

swimming costume
['swiming 'kostjuhm]

bikini
[bi'kihni]

cap
[käp]

hat
[hät]

gloves
[glaws]

scarf
[skahf]

■ LEBENSMITTEL | FOOD AND DRINK [fuhd änd drink]

> Eine ausführliche Übersicht von Lebensmitteln und Gerichten finden Sie im Kapitel ESSEN UND TRINKEN auf Seite 40 ff.

Geben Sie mir bitte …	I'd like … [aid laik]
ein Pfund (500 g) …	a pound (500 g) of … [ə paundəw]
ein Stück von …	a piece of … [ə 'pihs_əw]
eine Packung …	a packet of … [ə 'päkit_əw]
ein Glas …	a jar of … [ə 'dschahr_əw]
eine Dose …	a tin of … [ə 'tin_əw]
eine Flasche …	a bottle of … [ə 'botl_əw]
eine Einkaufstüte.	a bag, please. [ə 'bäg plihs]
Danke, das ist alles.	No, thank you. That's all. ['nau 'θänkju. θäts_'ohl]
Backwaren	baker's products ['bäikas praudakts] > S. 43, 46, 53
Biokost	organic food [oh'gänik 'fuhd]
Brot	bread [bräd] > S. 43, 46
Butter	butter ['batə] > S. 43, 46
Eier	eggs [ägs] > S. 43, 46
Eis(krem)	ice-cream [ˌais'krihm]
Essig	vinegar ['winigə]
Fisch	fish [fisch] > S. 45, 47
Fleisch	meat [miht] > S. 44, 48
frisch	fresh [fräsch]
Gemüse	vegetables ['wädschtabls] > S. 41, 49
Getränke	beverages / drinks [bäväräidschas / drinks] > S. 45, 52 f.
Kaffee	coffee ['kofi] > S. 45, 52
Käse	cheese [tschihs] > S. 43, 50
Margarine	margarine [ˌmahdscha'rihn]
Marmelade	jam [dschäm] > S. 46
Mehl	flour ['flauə]
Milchprodukte	dairy products [däiri praudakts] > S. 43
Nudeln	pasta ['pästə]
Obst	fruit [fruht] > S. 42, 51
Öl	oil [oil]
Pfeffer	pepper ['päpə]
Sahne	cream [krihm]
Salz	salt [sohlt]
Schokolade	chocolate ['tschoklit]
Süßigkeiten	sweets [swihts] > S. 50 f., 53
Vollkorn	wholemeal ['həulmihl]
Wurst	sausage ['sosidsch] > S. 44
(ohne) Zucker	(without) sugar [(wißaut) schugə]

OPTIKER | OPTICIAN'S [op'tischans]

Würden Sie mir bitte diese Brille reparieren?	Could you repair these glasses for me, please. [kud ju ri'pea θihs 'glahsis fə mi plihs]
Ich bin kurzsichtig/ weitsichtig.	I'm short-sighted/long-sighted. [aim ‚schoht'saitid/‚long'saitid]
Wie ist Ihre Sehstärke?	What's your acuity? ['wots johr ə'kjuhati]
rechts plus/minus ..., links ...	plus/minus … in the right eye, … in the left eye … ['plas/'mainas in θə 'rait‗ai, in θə 'läft‗ai]
Wann kann ich die Brille abholen?	When can I pick up the glasses? ['wän kən‗ai 'pik‗ap θə 'glahsis]
Ich brauche Reinigungslösung ...	I need some cleansing solution … [ai nihd sm 'klänsing sə'luhschn]
für harte/weiche Kontaktlinsen.	for hard/soft contact lenses. [fə 'hahd/'soft 'kontäkt ‚länsis]
Ich suche ...	I'm looking for … [aim 'luking fə]
eine Sonnenbrille.	some sunglasses. [sm 'san‚glahsis]
ein Fernglas.	some binoculars. [sm bi'nokjulas]

SCHMUCKWAREN | JEWELLER'S ['dschuhalas]

Meine Uhr geht nicht mehr. Können Sie mal nachsehen?	My watch doesn't work. Could you have a look at it? [mai 'wotsch dasnt wöhk. 'kud ju häw‗ə 'luk‗ət‗it]
Ich möchte ein schönes Andenken/Geschenk.	I'd like a nice souvenir / present. [aid 'laik ə nais suhwəniə / 'präsnt]

Anhänger	pendant ['pändant]
Armband	bracelet ['bräislit]
~uhr	wristwatch ['ristwotsch]
Brosche	brooch [brəutsch]
echt	genuine [dschäinjuhin]
(Edel-)Stein	(precious) stone [präschus staun]
Gold	gold [gauld]
Kette	necklace ['näklis]
Kristall	crystal ['kristl]
Modeschmuck	costume jewellery ['kostjuhm 'dschuhalri]
Ohrringe	earrings ['iərings]
Perle	pearl [pöhl]
Ring	ring [ring]
Schmuck	jewellery ['dschuhalri]
Silber	silver ['silwə]
wasserdicht	waterproof ['wohtəpruhf]

■ SCHUHGESCHÄFT | SHOE SHOP ['schuh schop]

Ich möchte ein Paar ... schuhe.	I'd like a pair of … shoes. [aid laik_a pear_aw 'schuhs]
Schuhgröße ...	Size … ['sais]
Sie sind zu eng/weit.	They're too narrow/wide. [θea 'tuh 'närau/'waid]

SCHUHGRÖSSEN IN GROSSBRITANNIEN UND DEN USA:

BRIT./AM.	2½	3½	4	5	6	6	7	8	9	9½
DEUTSCH	35	36	37	38	39	40	41	42	43	44

(mit) Absatz	(with) heel [(wiθ) hihl]
Damenschuh	ladies' shoe ['läidis schuh]
Leder-/Gummisohle	leather / rubber sole ['läθa / 'ruba saul]
Männerschuh	men's shoe [mäns schuh]
Mokassin	mocassin [mohkäsan]
Sandalen	sandals ['sändls]
Stiefel	boots [buhts]
Turnschuhe	trainers ['träinas]
Wander-/Trekkingschuh	hiking boots [haiking buhts]

■ SOUVENIRS | SOUVENIRS [suhwanias]

Ich hätte gern ...	I'd like … [aid 'laik]
ein schönes Andenken.	a nice souvenir. [a nais suhwania]
etwas Typisches aus dieser Gegend.	something typical of this area. [samθing tipakl aw 'θis 'aaria]
Ich möchte etwas nicht zu Teures.	I'd like something that's not too expensive. [aid 'laik samθing θäts nat tu iks'pänsiw]
Das ist aber hübsch.	That's lovely. [θäts lawli]
Danke schön, ich habe nichts gefunden, was mir gefällt.	Thanks, but I didn't find anything I liked. [θänks bat ai didnt faind 'äniθing ai laikt]

echt	genuine [dschänjuhin]
handgemacht	hand-made [händmäid]
Keramik	ceramics [särahmaks]
Mitbringsel	souvenir [suhwaniə]
regionale Produkte/ Spezialitäten	local products/specialities [laukl praudakts / späschiahlatis]
Schmuck	jewellery ['dschuhalri]
Schnitzerei	wood-carving [wud cahwing]
Töpferwaren	pottery [pohtari]

SCHREIBWAREN UND BÜCHER
STATIONERY AND BOOKS ['stäischnöri an buks]

Haben Sie deutsche Zeitungen/Zeitschriften?	Do you sell German newspapers/magazines? [dju säl 'dschöhman 'njuhs ˌpäipəs/ˌmägə'sihns]
Ich hätte gern ...	I'd like ... [aid laik]
einen deutschen/ englischen Roman.	a German / English novel [ə 'dschöhman nawl / an 'inglisch nawl]
einen Kriminalroman.	a detective novel [ə ditäktaw nawl]
einen Reiseführer.	a travel guide [ə 'träwl 'gaid]

Bleistift	pencil [pänsl]
Brief|marke	stamp [stämp]
~umschlag	envelope ['änwəlaup]
Kugelschreiber	ballpoint pen ['bohlpoint 'pän]
Landkarte	map [mäp]
Postkarte	postcard ['paustkahd]
Stadtplan	town map ['taun 'mäp]
Wanderkarte dieser Gegend	hiking map for this area. [haiking mäp fə 'θis 'aaria]
Zeichenblock	sketchbook ['skätschbuk]
Zeitschrift/Zeitung	magazine [ˌmägə'sihn]/newspaper ['njuhsˌpäipə]

WIE DIE EINHEIMISCHEN

Insider Tipp

▶▶ Rubber

Mit dem Wort *rubber* ['rubə] (Gummi) sollte man vorsichtig umgehen. Es ist genau so zweideutig wie das deutsche „Gummi". Je nach Kontext könnte Ihr Gesprächspartner auch „Kondom" verstehen.

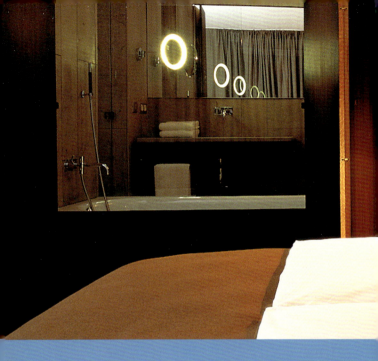

> ZIMMER MIT AUSSICHT

Der beste Platz im Restaurant, das lecker Frühstück am Bett, die Rechnung per Kreditkarte – alles nur eine Frage des Service. Äußern Sie Ihre Wünsche!

AUSKUNFT

 Reiseplanung: Seite 8 f.

Können Sie mir bitte ... empfehlen?	Can you recommend …, please? [kən_ju ˌräkə'mänd plihs]
ein Hotel/eine Pension	a hotel [ə hau'täl]/a guesthouse [ə 'gästhaus]
ein Zimmer	a room [ə 'ruhm]
einen Campingplatz	a camping site [ə 'kämpingsait]
eine Jugendherberge	a youth hostel [ə 'juhθˌhostl]

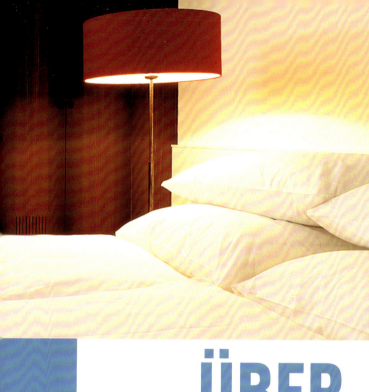

ÜBER NACHTEN

... IM HOTEL

■ **REZEPTION** | RECEPTION DESK [ri'säpschan däsk]

Ich habe bei Ihnen ein Zimmer reserviert. Mein Name ist ...	I've reserved a room. My name's ... [aiw ri'söhwd_a 'ruhm. mai 'näims ...]
Haben Sie noch Zimmer frei?	Have you got any vacancies? [haw ju got_äni_'wäïkansis]
... für eine Nacht.	... for one night. [fa 'wan 'nait]
... für zwei Tage/ eine Woche.	... for two days/a week. [fa 'tuh 'däis/a 'wihk]

Nein, wir sind leider vollständig belegt.	No, I'm afraid we're full up. ['nau aim_a'fräid wia 'ful_'ap]
Ja, was für ein Zimmer wünschen Sie?	Yes, (sir/madam,) what sort of room would you like? ['jäs (söh/'mädam) 'wot soht_aw 'ruhm wud ju 'laik]
ein Einzelzimmer	a single room [a 'singl ruhm]
ein Doppelzimmer	a double room [a 'dabl ruhm]
mit Dusche	with a shower [wiθ a 'schaua]
mit Bad	with a bath [wiθ a 'bahθ]
ein ruhiges Zimmer	a quiet room [a 'kwaiat ruhm]
mit Blick aufs Meer	with a view of the sea [wiθ a 'wjuh_aw θa 'sih]
Kann ich das Zimmer ansehen?	Can I see the room? [kan_ai 'sih θa 'ruhm]
Können Sie noch ein drittes Bett/Kinderbett dazustellen?	Can you put another bed/a cot in the room? [kan_ju put_a'naθa 'bäd/a 'kott_in θa ruhm]
Was kostet das Zimmer mit ...	How much is the room with ... ['hau 'matsch is θa ruhm wiθ]
Frühstück?	breakfast? ['bräkfast]
Halbpension?	breakfast and evening meal? ['bräkfast_an_'iwning 'mihl]
Vollpension?	full board? ['full 'bohd]
Wann gibt es Frühstück?	What time's breakfast? ['wot_taims 'bräkfast]
Wo ist das Restaurant?	Where's the restaurant? [weas θa 'rästarohng]
Wecken Sie mich bitte morgen früh um ... Uhr.	Please wake me at ... o'clock in the morning. [plihs 'wäik mi_at o'klok_in θa 'mohning]
Bitte meinen Schlüssel.	My key, please. [mai 'kih plihs]

Frühstück: ESSEN UND TRINKEN auf Seite 46

■ BEANSTANDUNGEN | COMPLAINTS [kam'plähnts]

Das Zimmer ist nicht gereinigt worden.	The room hasn't been cleaned. [θa ruhm 'häsnt bin 'klihnd]
Die Dusche ...	The shower... [θa 'schaua]
Die Spülung ...	The lavatory... [θa 'läwatri]
Die Heizung ...	The heating... [θa 'hihting]
Das Licht ...	The light... [θa 'lait]
... funktioniert nicht.	... doesn't work. ['dasnt 'wöhk]
Es kommt kein (warmes) Wasser.	There's no (warm) water. [θeas 'nau (wohm) 'wohta]
Die Toilette/Das Waschbecken ist verstopft.	The toilet/washbasin is blocked up. [θa 'toilit/'wosch,bäisn is 'blockt 'ap]

> *www.marcopolo.de/englisch*

ÜBERNACHTUNG

Wann muss ich spätestens auschecken?	By what time do I have to check out? [bai wot taim du ai häw tu tschäk aut]
Ich möchte bitte auschecken.	I'd like to check out, please. [aid 'laik tu tschäk aut plihs]
Ich reise heute Abend/ morgen um ... Uhr ab.	I'm leaving this evening/tomorrow at ... o'clock. [aim 'lihwing θis_'ihwning/ ta'morau_at a'klok]
Kann ich mit Kreditkarte bezahlen?	Can I pay by credit card? [kan_ai 'päi bai 'kräditkahd]
Vielen Dank für alles. Auf Wiedersehen.	Thank you very much for everything. Goodbye! ['θänk ju 'wäri 'matsch fər_'äwriθing. ˌgud 'bai]

Abendessen	dinner ['dinə]
Adapter	adapter [a'däpta]
Anmeldung	registration [ˌrädschis'träischn]
Badezimmer	bathroom ['bahθrum]
Bett	bed [bäd]
~wäsche	bed linen ['bäd ˌlinin]
Dusche	shower ['schauə]
Etage	floor [floh], storey ['stohri]
Fenster	window ['windau]
Fernsehraum	television lounge ['täliˌwischn launsch]
Frühstück	breakfast ['bräkfast]
Frühstücksraum	breakfast room ['bräkfast rum]
Halbpension	half board ['hahf 'bohd]
Handtuch	towel ['tauəl]
Hauptsaison	high season ['hai ˌsihsn]
Heizung	heating ['hihting]
Kinder|betreuung	babysitting service ['bäibiˌsiting 'söhwis]
~bett	cot [kot]
Klimaanlage	air-conditioning ['eəkanˌdischning]
Kopfkissen	pillow ['pilau]
Lampe	lamp [lämp]
Mittagessen	lunch [lantsch]
Nachsaison	low season ['lau ˌsihsn]
Nachttisch	bedside table ['bädsaid 'täibl]
~lampe	reading lamp ['rihding lämp]
Pension	guest house ['gästhaus]; (Halb~/Voll~) half/full board ['hahf/'ful 'bohd]
Portier	porter ['pohta]
Radio	radio ['räidiau]
reinigen	to clean [klihn]
Reservierung	reservation [ˌräsə'wäischn]

Restaurant	restaurant ['rästərohng]
Rezeption	reception [ri'säpschn]
Safe	safe [säif]
Schlüssel	key [kih]
Schrank	cupboard ['kabad]
Spiegel	mirror ['mira]
Steckdose	(wall) socket [('wohl) 'sokit]
Stecker	plug [plag]
Toilette	lavatory ['läwatri], toilet ['toilit]
Toilettenpapier	toilet paper ['toilit ,päipa]
Übernachtung mit Frühstück	bed and breakfast ['bäd an 'bräkfast]
Vollpension	full board ['ful 'bohd]
Vorsaison	low season ['lau ,sihsn]
Waschbecken	washbasin ['wosch,bäisn]
Wasser	water ['wohta]
kaltes ~	cold water ['kauld 'wohta]
warmes ~	warm water ['wohm 'wohta]
~hahn	tap [täp] (Am faucet ['fohsit])
Wolldecke	blanket ['blänkit]
Zimmer	room [ruhm]
~mädchen	(chamber)maid [('tschäimba)mäid]

WIE DIE EINHEIMISCHEN

Insider Tipp

> **Stilles Örtchen**

In den USA sollte man es vermeiden von Toiletten *(toilets)* zu sprechen. Es ist üblich, nach dem Waschraum *(washroom)*, Badezimmer *(bathroom)* „Herrenraum" *(men's room)* oder „Damenraum" *(ladies' room)* zu fragen. In Großbritannien fragt man entweder *Where are the toilets?* oder nach dem *Ladies* oder dem *Gents*. Gelegentlich findet man noch Schilder mit dem etwas altmodischen *public convenience* (öffentliche Bedürfnisanstalt).

> *www.marcopolo.de/englisch*

... IM FERIENHAUS

Reiseplanung: Seite 9

Ist der Strom-/Wasserverbrauch im Mietpreis enthalten?	Is electricity/water included in the price? [is_ˌiläkˈtrisiti/ˈwohta inˈkluhdid in θə ˈprais]
Sind Bettwäsche und Handtücher vorhanden?	Are bed linen and towels included? [ah bäd linen ən ˈtauls inkludid]
Wo bekommen wir die Schlüssel für das Haus/ die Wohnung?	Where can we pick up the keys to the house/ the flat? [ˈwea_kan_wi ˈpik ap θə kihs tə θə ˈhaus/θə ˈflät]
Müssen wir die Endreinigung selbst übernehmen?	Do we have to clean the flat before we leave? [du_wi häw_tə ˈklihn θə flät biˈfoh wi ˈlihw]

Anreisetag	day of arrival [däi aw əˈraiwl]
Appartement	flat [flät] (Am apartment [əˈpahtmant])
Bettwäsche	bed linen [ˈbäd ˌlinin]
Bungalow	bungalow [ˈbangəlau]
Endreinigung	final cleaning [fainl klihning]
Etagenbett	bunk bed [ˈbank ˌbäd]
Ferien|anlage	holiday camp [ˈholədi kämp]
~haus	holiday home [ˈholədi ˌhaum]
~wohnung	holiday flat [ˈholədi ˌflät]
Geschirrhandtuch	tea towel [ˈtih ˌtauəl]
Handtuch	towel [ˈtauəl]
Hausbesitzer/in	landlord/landlady [ˈlänlohd, ˈlänˌläidi]
Haustiere	pets [päts]
Kaution	deposit [diˈposit]
Kochnische	kitchenette [ˌkitschiˈnät]
Miete	rent [ränt]
Müll	rubbish [ˈrabisch] (Am garbage [ˈgahbidsch])
Mülltrennung	separation of rubbish [säpəräischn aw rabisch]
Nebenkosten	additional costs [əˈdischanl ˈkosts], extras [ˈäkstrəs]
Schlaf|couch	studio couch [ˈstjuhdiau kautsch]
~zimmer	bedroom [ˈbädrum]
Schlüssel	key [kih]
Strom	electricity [ˌiläkˈtrisati]
vermieten	to let [lät], to rent [ränt]
Wohnzimmer	living room [ˈliwing rum]

plate
[pläit]

glass / glasses
[glahs / glahsis]

cup / cups
[kap /kaps]

egg cup
[äg kap]

fork
[fohk]

spoon
[spuhn]

knife
[naif]

coffee spoon
['kofi 'spuhn]

stir spoon
[stuh 'spuhn]

spatula
[spätschjula]

ladle (GB) / dipper (US)
[läidl / dihpa]

whisk
[wisk]

grater
[gräita]

chopping board
[tschoping baud]

sieve
[sihw]

blender
['blända]

pot
[poht]

pan
[pän]

key / keys
[kih / kihs]

gas cooker
[gäs kuka]

oven
[awän]

refrigerator
[ri'fridscharäita]

dishwasher
[dischwoscha]

washing machine
[wosching ma'schihn]

kettle
[kätl]

coffee machine
['kofi ma'schihn]

coffee filter
['kofi fihlta]

toaster
['tausta]

vacuum cleaner
[wäkjuhm klihna]

mop
[mohp]

iron
[aian]

clothes line
[klaus,lain]

broom
[bruhm]

dustpan
[dastpän]

cleaning agent
[klihning 'ädschant]

bucket
[bakat]

... AUF DEM CAMPINGPLATZ

Haben Sie noch Platz für einen Wohnwagen/ ein Zelt?
Have you got room for another caravan/ tent?
[haw_ju got ruhm fər_ə'naθə 'kärəwän/ 'tänt]

Wie hoch ist die Gebühr pro Tag und Person?
How much does it cost per day and person?
['hau 'matsch das_it 'kost pə 'däi_ən 'pöhsn]

Wie hoch ist die Gebühr für ...
What's the charge for ... [wots θə 'tschahdsch fə]

das Auto?
the car? [θə 'kah]

den Wohnwagen/ das Wohnmobil?
the caravan/the mobile home?
[θə 'kärəwän/θə 'məubail 'həum]

das Zelt?
the tent? [θə 'tänt]

Wir bleiben ... Tage/ Wochen.
We'll be staying for ... days/weeks.
[wihl bi 'stäiing fə 'däis/'wihks]

Gibt es hier ein Lebensmittelgeschäft?
Is there a food store here? ['is θeər_ə 'fuhd stoh hiə]

Wo sind die ...
Where are the ... ['weər_ə θə]

Toiletten?
toilets? ['toilits]

Waschräume?
washrooms? ['wosch,ruhms]

Gibt es hier Stromanschluss?
Are there electric points here? ['ah θeər_i'läktrik 'points hiə]

Haben Sie 220 oder 110 Volt?
Is it 220 or 110 volts? [is_it 'tuh'handrəd an 'twänti_ohr_ə'handrəd_ən 'tän ˌwaults]

Benutzungsgebühr	(hire) charge [('haiə) tschahdsch]
Brennspiritus	methylated spirits ['mäθiläitid 'spirits]
Campingplatz	camping-site ['kämpingsait]
Dosenöffner	tin-opener ['tin''aupnə]
Essbesteck	knife, fork and spoon ['naif 'fohk ən 'spuhn]
Flaschenöffner	bottle-opener ['botl''aupnə]
Geschirrspülbecken	sink [sink]
Grill	grill [gril]
~kohle	charcoal ['tschahkəul]
Kerzen	candles ['kändls]
Kinderspielplatz	children's playground ['tschildrəns 'pläigraund]
Kocher	cooker ['kukə]
Korkenzieher	corkscrew ['kohkskruh]
leihen	hire ['haiə]
Leihgebühr	hire charge ['haiə tschahdsch]
Petroleum	paraffin ['pärəfin]
~lampe	paraffin lamp ['pärəfin lämp]
Steckdose	(wall) socket [('wohl) 'sokit]
Strom	electricity [ˌiläk'trisəti]
~anschluss	electric point [i'läktrik 'point]

Taschenmesser	pocket knife ['pokit naif]
Trinkwasser	drinking water ['drinking ˌwohtə]
Voranmeldung	booking ['buking]
Wasser	water ['wohtə]
Wohn|mobil	camper ['kämpə]
~wagen	caravan ['kärəwän]
Zelt	tent [tänt]
~stange	tentpole ['täntpaul]

... IN DER JUGENDHERBERGE

Kann ich bei Ihnen Bettwäsche/einen Schlafsack leihen?	Can I hire bed linen/a sleeping-bag? [kan_ai 'haiə 'bäd linin/ə 'slihpingbäg]
Die Eingangstür wird um 24 Uhr abgeschlossen.	The front door is locked at midnight. [θə 'frant 'dohr_is 'lokt_at 'midnait]

Internet	Internet ['intanät]
Jugendherberge	youth hostel ['juhθ ˌhostl]
Jugendherbergsausweis	youth hostelling card ['juhθ ˌhostaling kahd]
Küche	kitchen ['kitschin]
Mitgliedskarte	membership card ['mämbaschip kahd]
Schlaf|saal	dormitory ['dohmitri]
~sack	sleeping bag ['slihping bäg]
Waschraum	washroom ['woschrum]

WIE DIE EINHEIMISCHEN

Insider Tipp

> **Gefährliche Tiere**

Campingplätze *(camping sites)* gibt es in der Nähe aller größeren Städte. In den USA und Großbritannien ist es erlaubt wild zu zelten. Allerdings sollte man auf privaten Grundstücken sein Zelt nur mit Erlaubnis der Eigentümer aufstellen. Schilder wie *No trespassing!* oder *Trespassers will be prosecuted!* weisen darauf hin, dass das unerlaubte Betreten eines Geländes zur Anzeige gebracht wird *(to trespass* = unbefugt betreten). In Nationalparks oder ähnlichen Einrichtungen sollte man unbedingt auf Hinweise bezüglich Feuer *(No fires!* oder *No campfires!)*, Müllentsorgung *(Waste disposal)*, gefährliche Tiere *(Dangerous animals)* usw. beachten

> ## WAS UNTERNEHMEN WIR?

Ob authentischer Kochkurs, aufregender Trekking-Ausflug oder großer Theaterabend: Lassen Sie sich von den nächsten Seiten helfen, jede Menge Urlaubsabenteuer zu erleben.

AUSKUNFT

Kann ich einen Stadtplan haben?	I'd like a map of the town, please. [aid 'laik a 'mäp aw θa 'taun plihs]
Welche Sehenswürdigkeiten gibt es hier?	What places of interest are there here? ['wot 'pläisis aw 'intrist ah θäa hia]
Gibt es Stadtrundfahrten?	Are there sightseeing tours of the city? ['ah θea 'sait sihing tuas aw θa 'siti]
Was kostet die Rundfahrt?	How much does the tour cost? ['hau 'matsch das θa 'tua 'kost]

VOLLES PROGRAMM

SEHENSWÜRDIGKEITEN/MUSEEN

Wann ist das Museum geöffnet?
When's the museum open? [ˈwäns ðə mjuˈsiəm ˈəʊpn]

Wann beginnt die Führung?
When does the tour start? [ˈwän das ðə ˈtuə ˈstaht]

Gibt es auch eine Führung auf Deutsch/Englisch?
Is there a guided tour in German / English?
[is ðäər ə ˈgaidid ˈtuə in ˈdschöhman / ˈinglisch]

Ist das ...?
Is this (that) ...? [is ˈðis (ˈðät) ...]

Altar	altar ['ohlta]
Altstadt	the old town [θi 'auld 'taun]
Architektur	architecture ['ahkitäktscha]
Ausgrabungen	excavations [ˌäkska'wäischns]
Ausstellung	exhibition [ˌäksi'bischn]
Besichtigung	tour [tua]
Bild	picture ['piktscha]
~hauer	sculptor ['skalpta]
Burg	castle ['kahsl]
Denkmal	monument ['monjumant]
Dom	cathedral [ka'θihdrl]
Festung	fortress ['fohtris], castle ['kahsl]
Fremdenführer	guide [gaid]
Friedhof	cemetery ['sämitri]
Führung	guided tour ['gaidid 'tua]
Galerie	gallery ['gälari]
Gebäude	building ['bilding]
Gemälde	painting ['päinting]
Gottesdienst	service ['söhwis]
Innenstadt	city centre ['siti 'sänta], town centre ['taun 'sänta]
Kaiser/in	emperor ['ämpra]/empress ['ämpris]
Kapelle	chapel ['tschäpl]
Kathedrale	cathedral [ka'θihdrl]
Kirche	church [tschöhtsch]
König/in	king [king]/queen [kwihn]
Maler/in	painter ['päinta]
Malerei	painting ['päinting]
Museum	museum [mjuh'siam]
Palast	palace ['pälis]
Plastik	sculpture ['skalptscha]
Platz	square [skwea]
Rathaus	town hall ['taun 'hohl] (Am city hall ['siti 'hohl])
Restaurierung	restoration [ˌrästa'räischn]
Ruine	ruin ['ruhin]
Schloss	castle ['kahsl]
Sehenswürdigkeiten	sights [saits]
Stadtrundfahrt	sightseeing tour of the town/city ['saitˌsihing'tuar aw θa 'taun/'siti]
Turm	tower ['taua]
Zeichnung	drawing ['drohing]

VOLLES PROGRAMM

AUSFLÜGE

Wann treffen wir uns?	When do we meet? [wän du wih miht]
Wo fahren wir los?	Where do we leave from? [waa du wih 'lihw fram]
Kommen wir am/an ... vorbei?	Will we pass ...? [wil wih pahs]
Besichtigen wir auch ...?	Are we going to see ..., too? [ah wih gauing tu sih ... tu]
Wann fahren wir zurück?	When are we going back? [wän ah wih gauing bäk]

Ausflug	excursion [ik'sköhschn], trip [trip]
Aussicht	view [wjuh]
Aussichtspunkt	vantage point ['wäntidsch point]
Berg	mountain ['mauntin]
Bergdorf	mountain village ['mauntin wiladsch]
Botanischer Garten	botanical gardens [bautänikl gahdns]
Fischerhafen	fishing port ['fisching poht]
Fischerort	fishing village [fisching wiladsch]
Fluss	river [riwa]
Freilichtmuseum	open-air museum ['aupn aa mjuh'siam]
Freizeitpark	amusement park [ämjuhsmnt pahk]
Gebirge	mountains ['mauntins]
Geländewagen	sports utility vehicle (SUV) [spohts jutiliti wihikl]
Gipfel	summit [sahmit]
Grotte	grotto [grohtau]
Höhle	cave [cäiw]
Insel	island [ailnd]
Inselrundfahrt	tour around the island [tua a'raund θa ailnd]
Landschaft	scenery ['sihnari], countryside ['kantrisaid]
Landesinnere	inland ['inländ]
Markt	market ['mahkit]
~halle	covered market ['kawad 'mahkit]
Nationalpark	national park [näschanl pahk]
Quelle	spring [spring]
Pass	pass [pahs]
Plantagen	plantations ['pläntäischns]
Rundfahrt	tour [tua]
Schlucht	gorge / ravine [ga'dsch / rahwihn]
(der) See	lake [läik], (in Schottland) loch [lok]
Tagesausflug	day trip ['däi trip]
Tal	valley [wäli]
Vulkan	volcano [wolkäinau]
Wallfahrtsort	place of pilgrimage [pläis aw pilgramidsch]
Wasserfall	waterfall ['wohtafohl]
Wildpark	wildlife park [waildlaif pahk]

AM ABEND

KNEIPE/BAR/CLUB | PUB/BAR/CLUB [pab/bah/klab]

Was kann man hier abends unternehmen?	What can we do here in the evenings? ['wot_kan wi 'du hiar_in θi_ihwrnings]
Gibt es hier eine gemütliche Kneipe?	Is there a nice pub here? ['is θear_ə nais 'pab hia]
Wo kann man hier tanzen gehen?	Where can we go dancing? ['wea kan wi gau 'dahnsing]
Welche Musikrichtung wird hier gespielt?	What kind of music is played her? [wot kaind aw 'mjuhsik is pläid hia]
Ist Abendgarderobe erwünscht?	Is evening dress required? [is_'ihwning'dräs ri'kwaiad]
Ein Whisky-Soda, bitte.	A whisky and soda, please. [ə 'wiski_ən 'saudə plihs]
Das gleiche noch einmal.	The same again. [θə 'säim ə'gän]
Diese Runde übernehme ich.	This round's on me. ['θis raunds_on 'mih]
Wollen wir tanzen?	Shall we dance? [schal_wi 'dahns]

ausgehen	to go out [ˌgəu 'aut]
Band	band [bänd]
Bar	bar [bah]
Club/Diskothek	club / discotheque [klab / diskatäk]
DJ	DJ [dischäi]
Folklore|klub	folk club ['fauk klab]
~musik	folk music ['fauk ˌmjuhsik]
Kneipe	pub [pab]
Live-Musik	live music ['laiw 'mjuhsik]
Party	party ['pahti]
Spielcasino	casino [ka'sihnau]
tanzen	to dance [dahns]
Türsteher	bouncer ['baunsə]

THEATER/KONZERT/KINO
THEATRE/CONCERT/CINEMA ['θiata/'konsat/'sinəma]

Haben Sie einen Veranstaltungskalender für diese Woche?	Have you got a diary of events for this week? [haw ju got_ə 'daiari_aw i'wänts fə θis 'wihk]
Welches Stück wird heute Abend (im Theater) gespielt?	What's on (at the theatre) tonight? [wots 'on_at θə θiata tə'nait]

VOLLES PROGRAMM

Können Sie mir ein gutes Theaterstück/einen guten Film empfehlen?
Can you recommend a good play/film (movie)? [ˈkən ju ˈräkəˈmänd ə gud ˈpläi/ˈfilm (ˈmuhwi)]

Wann beginnt die Vorstellung?
When does the performance start? [ˈwän das θə pəˈfohməns ˈstaht]

Wo bekommt man Karten?
Where can I get tickets? [ˈwäa kən ai gät ˈtikits]

Bitte zwei Karten für heute Abend/morgen Abend.
Two tickets for this evening/tomorrow evening, please. [ˈtuh ˈtikits fə θis ˈihwning/ təˈmorau ˈihwning plihs]

Kann ich bitte ein Programm haben?
Can I have a programme, please? [kən ai häwˈə ˈpraugräm plihs]

Wo ist die Garderobe?
Where's the cloakroom? [ˈweas θə ˈkləukrʊm]

Ballett	ballet [ˈbäläi]
Eintrittskarte	ticket [ˈtikit]
Festival	festival [ˈfästiwl]
Film	film (Am movie) [ˈfilm (ˈmuhwi)]
Kasse	box office [ˈboksˌofis]
Kino	cinema [ˈsinəmə]
Konzert	concert [ˈkonsət]
Oper	opera [ˈoprə]
Premiere	premiere [ˈprämieə]
Programm/-heft	programme [ˈpraugräm]
Schauspiel	play [pläi]
Theater	theatre [ˈθiatə]
Veranstaltungskalender	calendar of events [ˈkälindər əw iˈwänts]
Vorstellung	performance [pəˈfohməns]
Vorverkauf	advance booking [ədˈwahns ˈbuking]

FESTE/VERANSTALTUNGEN
CELEBRATIONS / EVENTS [säliˈbräischns / iˈwänts]

Könnten Sie mir bitte sagen, wann das ...-Festival stattfindet?
Could you tell me when the ... festival takes place, please? [kud juh täl mih wän θə ... fästəwl täiks pläis plihs]

vom ... bis ...
from ... to ... [fram ... tu]

Dorffest	village fête [wilədsch fäit]
Feuerwerk (Veranstaltung)	fireworks display [ˈfaiəwöhks dahsˈpläi]
Grillfest	barbecue [bahbikjuh]
Jahrmarkt	funfair [fanfäiə]
Prozession/Umzug	procession [prəusäschn]
Tanzfest	dance [däns]
Zirkus	circus [söhkəs]

STRAND UND SPORT

■ AM STRAND | ON THE BEACH [on ðə bihtsch]

Ist die Strömung stark?	Is there a strong current? [is ðear_ə 'strong 'karant]
Ist es für Kinder gefährlich?	Is it dangerous for children? [is_it 'däindschras fə 'tschildrən]
Wann ist Ebbe/Flut?	When's low tide/high tide? [wäns 'lau ˌtaid/'hai ˌtaid]
Bade|meister/in	lifeguard ['laifgahd]
Badestrand	beach [bihtsch]
Dusche	shower ['schauə]
FKK-Strand	nudist beach ['njuhdist bihtsch]
Kiosk	kiosk [kiask]
Nichtschwimmer	non-swimmer ['nonˌswimə]
Qualle	jellyfish [dschälihfisch]
Schwimmen	swimming ['swiming]
Schwimmer/in	swimmer ['swimə]
Sonnenschirm	sunshade ['sanschäid]
Strömung	current ['karant]
Umkleidekabinen	changing rooms [tschäindsching ruhms]

 Wassersport: Seite 85

■ AKTIVURLAUB/SPORT | ACTIVE HOLIDAY / SPORT [äktəw 'holədi / spoht]

Welche Sportmöglichkeiten gibt es hier?	What sports facilities are there here? [wot 'spohts fəˈsilitis_ə ðea hia]
Gibt es hier ein/eine …?	Is there a … here? [is ðäar ə / an … hiə]
Wo kann ich … ausleihen?	Where can I hire …? ['wea kən_ai 'haiə …]
Kann ich mitspielen?	Can I play too? [kən_'ai pläi 'tuh]
Ich möchte einen …kurs für Anfänger/Fortgeschrittene machen.	I'd like to attend a … course for beginners/ an advanced … course. [aid 'laik tu ätänd ə … kohs fə bi'ginəs / an adwänst kohs]
Eintrittskarte	ticket ['tikit]
Ergebnis	result [ri'salt]
gewinnen	to win [win]
Halbzeit	half-time ['hahf 'taim]
Kasse	ticket office ['tikitˌofis]
Kurs	course [kohs]

> *www.marcopolo.de/englisch*

VOLLES PROGRAMM

Mannschaft	crew [kruh]
Niederlage	defeat [di'fiht]
Rennen	race [räis]
Schiedsrichter	referee [ˌräfə'rih]; (Hockey, Tennis, Cricket) umpire ['ampaiə]
Spiel	match [mätsch], game [gäim]
unentschieden spielen	to draw [droh]
verlieren	to lose [luhs]
Wettkampf	contest ['kontäst], match [mätsch]

WASSERSPORT WATER SPORTS ['wohtə spohts]

Bootserfahrung	sailing experience ['säiling iks'pləriəns]
Bootsverleih	boat hire ['bəut ˌhaiə]
Canyoning	canyoning [kanjohning]
Freibad	open-air pool [ˌəupn'eə 'puhl]
Hallenbad	indoor pool [indəu puhl]
Hausboot	houseboat [haus'bəut]
Kanu	canoe [kə'nuh]
Motor|boot	motorboat ['məutəbəut]
Regatta	regatta [ri'gätə]
Rückholservice	pick-up service [pikəb söhwis]
Ruderboot	rowing boat ['rəuing bəut]
Schlauchboot	rubber dinghy [rabə dingi]
Segelboot	sailing boat ['säiling bəut]
Segeln	sailing ['säiling]
Segelschule	sailing school ['säiling skuhl]
Segeltörn	sailing cruise ['säiling kruhs]
Surfbrett	surfboard ['söhfbohd]
surfen	surf ['söhf]
Surfschule	surfing school ['söhfing skuhl]
Wasser wandern (Hausboot)	tour on a houseboat/barge [tuə on a hausbaut / bahdsch]
Wasserski	water skiing ['wohtə 'skihing]
windsurfen	windsurf [wind'söhfing]

TAUCHEN DIVING [daiwing]

Gerätetauchen	scuba diving [skuhbə daiwing]
Harpune	harpoon [hahpuhn]
Neoprenanzug	wetsuit [wätsuht]
Sauerstoffgerät	breathing apparatus [brihθing äpərätis]
schnorcheln	go snorkelling [gəu snohkling]
tauchen	to dive [daiw]
Taucherausrüstung	diving equipment ['daiwing i'kwipmənt]
Taucherbrille	diving goggles [daiwing gohgls]
Tauchschule	diving school [daiwing skuhl]

ANGELN ANGLING [ängling]

Wo kann man hier angeln?	Where can I go fishing? [ˈwea kan͜ai gau ˈfisching]
Angel	fishing rod [ˈfischingrod]
~schein	fishing licence [ˈfisching ˈlaisns]
angeln	go fishing [gau fisching]
Hochseefischen	deep-sea fishing [ˈdihpsih ˈfisching]
Köder	bait [bäit]
Schonzeiten	off season [off ˈsihsn]

BALLSPIELE BALL GAMES [bohl gäims]

Ball	ball [bohl]
Basketball	basketball [ˈbahskitbohl]
Fußball	football [ˈfutbohl]
~mannschaft	football team [ˈfutbohl tihm]
~platz	football ground [ˈfutbohl graund]
Handball	handball [ˈhändbohl]
Netz	net [nät]
Spiel	match, game [mahtsch / gäim]
Tor	goal [gaul]
~wart	goalkeeper [ˈgaulˌkihpə]
Volleyball	volleyball [wohlibohl]

TENNIS UND ÄHNLICHES TENNIS AND SIMILAR [ˈtänis an similə]

Badminton	badminton [bädmantn]
Schläger	racket [räkit]
Squash	squash [skwosh]
Tennis	tennis [ˈtänis]
~ball	~ball [bohl]
~halle	~hall [lıohl]
~platz	~court [koht]
~schläger	tennis racket [ˈtänisˌräkit]
Tischtennis	table tennis [ˈtäibl ˈtänis]
~schläger	table-tennis bat [ˈtäiblˌtänis bät]

FITNESS- UND KRAFTTRAINING FITNESS AND WEIGHT TRAINING [fitnäs an wäit träining]

Aerobic	aerobics [aarobiks]
Fitnesscenter	fitness centre [fitnäs ˈsäntə]
joggen	go jogging / jog [gau dschohging / dschohg]
Konditionstraining	fitness training [fitnäs träining]
Krafttraining	weight training [wäit träining]
Yoga	yoga [jaugah]

VOLLES PROGRAMM

WELLNESS SPA [spah]

Dampfbad	Turkish bath [töhkisch bäθ]
Massage	massage [məsasch]
Sauna	sauna [sohnə]
Solarium	solarium [sohlahriuhm]
Whirlpool	jacuzzi [dschäkuhsi]

RADFAHREN CYLING ['saikling]

Fahrrad	bicycle / bike ['baisikl / baik]
Fahrradhelm	crash helmet [kräsch hälmät]
Fahrradweg	cycle path [sikl pahθ]
Flickzeug	(puncture) repair kit [(panktschə) ripäiə kit]
Luftpumpe	pump [pamp]
Mountainbike	mountain bike ['mauntin baik]
Rad fahren	to cycle ['saikl]
Radtour	cycle tour ['saikl ˌtuə]
Rennrad	racing bike [baik]
Schlauch (Reifen)	(inner) tube [(inə) tjuhb]

WANDERN UND BERGSTEIGEN HIKING AND MOUNTAINEERING [haiking ən 'mauntiniəing]

Ich möchte eine Bergtour machen.	I'd like to go for a hike in the mountains. [aid laik tə gəu far_ə 'haik_in θə 'mauntins]
Können Sie mir eine interessante Route auf der Karte zeigen?	Can you show me an interesting route on the map? [kən juh schəu mih ən 'intristing ruht on θə mäp]

WIE DIE EINHEIMISCHEN

Insider Tipps

▶ FKK und Haie

In den USA ist das Sonnenbaden 'oben ohne' *(topless sunbathing)* fast überall verboten! Es gibt zwar FKK-Strände, aber sie sind meist sehr weit abgelegen.
In den wärmeren Gewässern der USA (Florida, Kalifornien) sollten Sie unbedingt auf Warnhinweise bezüglich Haien *(sharks* [schahks]*)* achten und die Anweisungen der Rettungsschwimmer *(lifeguards* ['laifgahd]*)* unbedingt befolgen!

▶ Let's play ball ['läts pläi bohl]

Baseball hat in Amerika ein sehr „sauberes" Image. „Lass' uns Ball spielen" heißt daher auch: „Lasst uns fair und korrekt vorgehen".

Bergführer	mountain guide ['mauntin gaid]
Fernwanderweg	long-distance hiking path [long distans haiking pahθ]
Route	route [ruht]
Seilbahn	cable railway ['käibl 'räilwäi], funicular [fjuh'nikjulə]
Sicherungsseil	securing rope [säkjuhring raup]
Tagestour	day excursion [däi ik'sköhschn]
Wanderkarte	hiking map [haiking mäp]
Wanderweg	path [pahθ]

REITEN RIDING [raiding]

Ausritt	ride [raid]
Pferd	horse [hohs]
reiten	to ride [raid], to go riding [gau 'raiding]
Sattel	saddle [sähdl]
Zaum	bridle [braidl]

GOLF GOLF [golf]

Golf	golf [golf]
~platz	golf course ['golfkohs]
~schläger	golf club ['golfklab]
öffentliche Golfanlage	municipal golf course [mjuhnaspl golf kohs]
Parcours	a round of golf [a raund aw golf]
Tagesbesucher	day guest [däi gäst]
Übungsplatz	driving range [draiwing räindsch]
eine Runde Golf spielen	play a round of golf [pläi a raund aw golf]

IN DER LUFT IN THE AIR [in θə aa]

Drachenfliegen	hang-gliding [häng glaiding]
Fallschirmspringen	parachuting ['pärə‚schuhting]
Gleitschirm	paraglider ['päraglaidə]
Lenkdrachen	kite [kait]
Paragliding	paragliding ['päraglaiding]
Schleppschirm (am Strand)	parasailing ['päräsäiling]
Segelfliegen	gliding ['glaiding]

WINTERURLAUB WINTER HOLIDAYS ['wintə 'holdi]

Eine Tageskarte, bitte!	A day ticket, please. [a däi 'tikit plihs]
Um wie viel Uhr ist die letzte Bergfahrt/Talfahrt?	What time is the last trip up the mountain/down to the valley? [wot taim is θə lahst trip 'ap θə 'mauntin/daun tu θə wäli]

Bergstation	top station, summit station [tap stäischn / sahmit stäischn]
Eisbahn	ice-rink ['aisrink]
Eislauf	ice skating [ais skäiting]
Gondel	cable car ['käibl kah]

> *www.marcopolo.de/englisch*

VOLLES PROGRAMM

Langlauf	cross-country skiing ['kros‚kantri 'skihing]
Lift	lift [lift]
Loipe	cross-country ski course ['kros'kantri 'skih kohs]
Schlitten	toboggan [təbohgn]
Schlittschuhe	ice skates [ais skäits]
Ski	ski ['skih]
~laufen	skiing ['skihing]
Skibrille	ski goggles ['skih gohgls]
Skikurs	skiing course ['skihijng kohs]
Skilehrer/in	ski instructor ['skih instrahktr]
Skistöcke	ski poles ['skih pauls]
Snowboard	snowboard [snaubaud]
Tagespass	day pass [däi pahs]
Talstation	station at the bottom of the s
	[stäischn at θə bohtm əw θə 'skih lift]
Wochenpass	week pass [wihk pahs]

KURSE | COURSES [kohsis]

Ich interessiere mich für ...	I'm interested in ... [aim 'intristid in]
einen ...-Sprachkurs	a(n) ... language course [ə / ən ... 'längwidsch kohs]
für Anfänger.	for beginners. [fə bi'ginəs]
für Fortgeschrittene.	for advanced learners. [fə adwänst lörnəs]
Sind Vorkenntnisse erforderlich?	Is prior knowledge required? [is praiə nohlidsch rikwaiəd]
Bis wann muss man sich anmelden?	By when do I have to enrol? [bai wän du ai häw tu anraul]
Sind die Materialkosten inklusive?	Are the costs of materials included? [ah θə kohsts əw matihrials inkludid]
Was ist mitzubringen?	What should I bring along? [wot schud ai bring ə'long]
(Akt-)Zeichnen	drawing nudes [drohing njuhds]
(Aquarell-)Malen	watercolour painting ['wohtəkalə päinting]
(Bauch-)Tanz	belly dance [bäli däns]
Fotografieren	photography [faut'agräfi]
Goldschmieden	working with gold [wöhking wiθ gauld]
Holzwerkstatt	carpentry workshop [kahpäntri wöhkschop]
Kochen	cooking [kuking]
Kurs	course [kohs]
Ölmalerei	oil painting ['oil päinting]
Trommeln	drumming [druhming]
Workshop	workshop [wöhkschop]

> AUF ALLES VORBEREITET

Beim Arzt, bei der Polizei oder auf der Bank: Wenn's knifflig
wird oder schnell gehen soll, dann hilft Ihnen dieses praktische
Kapitel in jedem (Not-)Fall.

ARZT

■ AUSKUNFT | INFORMATION [infa'mäischn]

Können Sie mir einen guten ... empfehlen?	Can you recommend a good …? [kan ju ˌräka'mänd_a gud ...]
Arzt	doctor [ˈdokta]
Augenarzt	eye specialist [ˈai ˈspäschalist]
Frauenarzt	gynaecologist [ˌgaini'koladschist]

VON
A BIS Z

Hals-Nasen-Ohren-Arzt	ear, nose and throat specialist
	['ia 'naus an 'θraut 'späschalist]
Hautarzt	dermatologist [ˌdöhmə'toladschist]
Kinderarzt	pediatrician [ˌpihdiə'trischn]
Zahnarzt	dentist ['däntist]
Wo ist seine Praxis?	Where's his surgery? [weas his 'söhdschri]

 Apotheke: Seite 57, 60

Was für Beschwerden haben Sie?	What's the trouble? [ˈwots θa ˈtrabl]
Ich habe Fieber.	I've got a temperature. [aiw got ə ˈtämpritscha]
Mir ist oft schlecht/. schwindelig	I often feel sick/faint. [ai ˈofn fihl ˈsik/ˈfäint]
Ich bin ohnmächtig geworden.	I fainted. [ai ˈfäintid]
Ich bin stark erkältet.	I've got a bad cold. [aiw got ə ˈbäd ˈkauld]
Ich habe ...	I've got ... [aiw got]
Kopfschmerzen.	a headache. [ə ˈhädäik]
Halsschmerzen.	a sore throat. [ə ˈsoh ˈθraut]
Husten.	a cough. [ə ˈkof]
Ich bin gestochen/ gebissen worden.	I've been stung/bitten. [aiw bin ˈstang/ˈbitn]
Ich habe Durchfall/ Verstopfung.	I've got diarrhoea./I'm constipated. [aiw got daiəˈriə /aim ˈkonstipaitid]
Ich habe mich verletzt.	I've hurt myself. [aiw ˈhöht mai ˈsälf]
Wo tut es weh?	Where does it hurt? [ˈwea das it ˈhöht]
Ich habe hier Schmerzen.	I've got a pain here. [aiw got ə ˈpain ˈhia]
Ich bin Diabetiker/in.	I'm a diabetic. [aim ə daiəˈbätik]
Ich bin schwanger.	I'm pregnant. [aim ˈpragnant]
Es ist nichts Ernstes.	It's nothing serious. [its ˈnaθing ˈsiariəs]
Können Sie mir bitte etwas gegen ... geben/ verschreiben?	Can you give me/prescribe something for ...? [kan ju giw mi/priˈskraib ˈsamθing fa...]
Normalerweise nehme ich ...	I usually take ... [ai ˈjuhschuali täik ...]

Ich habe (starke) Zahnschmerzen.	I've got (terrible) toothache. [aiw got [ˈtärəbl] ˈtuhθäik]
Dieser Zahn (oben/unten/ vorn/hinten) tut weh.	This tooth (at the top/bottom/front/back) hurts. [ˈθis ˌtuhθ [at θa ˈtop/ˈbotəm/ˈfrant/ˈbäk] ˈhöhts]
Ich habe eine Füllung verloren.	I've lost a filling. [aiw lost ə ˈfiling]
Mir ist ein Zahn abgebrochen.	I've broken a tooth. [aiw ˈbrəukən ə ˈtuhθ]
Ich muss ihn plombieren.	I'll have to fill it. [ail ˈhäw tə ˈfil it]
Ich muss ihn ziehen.	It'll have to come out. [itl ˈhäw tə kam ˈaut]
Geben Sie mir bitte eine/ keine Spritze.	I'd like an injection, please./ I don't want an injection. [aid laik ˌan inˈdschäkschn plihs/ai ˈdaunt wont an ˌinˈdschäkschn]

■■ IM KRANKENHAUS | IN HOSPITAL [in ˈhospitl]

Wie lange muss ich hier bleiben?	How long will I have to stay here? [ˈhau ˈlong wil ai haw ta ˈstäi hia]
Wann darf ich aufstehen?	When can I get up? [ˈwän kan ai ˈgät ˈap]

Abszess	abscess [ˈäbsis]
Aids	Aids [aids]
Allergie	allergy [ˈälədschi]
ansteckend	contagious [kənˈtäidschəs]
Arm	arm [ahm]
Asthma	asthma [ˈasmə]
Atembeschwerden	difficulty in breathing [ˈdifikəlti in ˈbrihθing]
atmen	to breathe [brihθ]
Auge	eye [ai]
Ausschlag	rash [räsch]
Bänderriss	torn ligament [ˈtohn ˈligamənt]
Bauch	stomach [ˈstamək]
Bein	leg [läg]
bewusstlos	unconscious [anˈkonschəs]
Blähungen	wind [wind]
Blase	bladder [ˈblädə]
Blinddarm	appendix [əˈpändiks]
Blut	blood [blad]
~druck	blood pressure [ˈblad ˌpräschə]
bluten	to bleed [blihd]
Blut|ung	bleeding [ˈblihding]
~vergiftung	blood-poisoning [ˈblad ˌpoisning]
Borreliose	borreliosis [bohratiosis]
Bronchitis	bronchitis [brongˈkaitis]
Bruch	(Leisten~) hernia [ˈhöhnjə]; (Knochen~) fracture [ˈfräktschə]
Brust	chest [tschäst], (weibliche ~) breast [bräst]
Bypass	bypass (operation) [ˈbaipahs (ˌopəˈräischn)]
Chirurg/in	surgeon [ˈsöhdschn]
Darm	intestines [inˈtästins]
Diabetes	diabetes [ˌdaiəˈbihtihs]
Durchfall	diarrhoea [ˌdaiəˈriə]
Eiter	pus [pas]
Empfang	reception [riˈsäpschn]
Entzündung	inflammation [ˌinfləˈmäischn]
erbrechen, sich	to vomit [ˈwomit]
erkälten, sich	to catch a cold [ˈkätsch a ˈkauld]
Facharzt/ärztin	specialist [ˈspäschəlist]

Fehlgeburt	miscarriage [ˌmisˈkäridsch]
Fieber	fever [ˈfihwa], temperature [ˈtämpritscha]
Finger	finger [ˈfinga]
Fuß	foot, (pl) feet [fut, fiht]
Gallenblase	gall-bladder [ˈgohlˌbläda]
gebrochen	broken [ˈbraukn]
Gehirn	brain [bräin]
~erschütterung	concussion [kanˈkaschn]
~schlag	stroke [strauk]
Gelbsucht	jaundice [ˈdschohndis]
Gelenk	joint [dschoint]
Geschlechts|krankheit	venereal disease [wiˈniarial diˈsihs]
~organe	sexual organs [ˈsäksjual ˈohgans]
geschwollen	swollen [ˈswaulan]
Geschwür	ulcer [ˈalsa]
Gesicht	face [fäis]
Grippe	flu [fluh]
Hals	neck [näk]; (Kehle) throat [θraut]
~schmerzen	sore throat [ˈsoh ˈθraut]
Hand	hand [ˈhänd]
Haut	skin [skin]
Herpes	herpes [hapis]
Herz	heart [haht]
~anfall	heart attack [ˈhaht aˈtäk]
~beschwerden	heart trouble [ˈhaht ˌtrabl]
~fehler	heart defect [ˈhaht diˈfäkt]
~infarkt	heart attack [ˈhaht aˈtäk], cardiac infarction [ˈkahdiäk inˈfahkschn]
~schrittmacher	pacemaker [ˈpäisˌmaika]
Hexenschuss	lumbago [lamˈbäigau]
Hirnhautentzündung	meningitis [mänandschaitis]
HIV-positiv	HIV positive [aitsch ai wi pohsatew]
Hüfte	hip [hip]
Husten	cough [kof]
Impfung	vaccination [ˌwäksiˈnaischn]
Infektion	infection [inˈfäkschn]
Ischias	sciatica [saiˈätika]
Kiefer	jaw [dschoh]
Kinderlähmung	polio [ˈpauliau]
Knie	knee [nih]
Knöchel	ankle [ˈänkl]
Knochen	bone [baun]
~bruch	fracture [ˈfräktscha]
Kolik	colic [ˈkolik]

Kopf	head [häd]
~schmerzen	headache [ˈhadäik]
Krampf	cramp [krämp]
krank	ill [il], sick [sik]
Kranken|haus	hospital [ˈhospitl]
~schein	medical insurance card [ˈmädikl inˈschuarns ˈkahd]
~schwester	nurse [nöhs]
Krankheit	illness [ˈilnis]
Krebs	cancer [ˈkänsa]
Kreislaufstörung	circulatory disorder [ˌsöhkjuˈläitri disˈohda]
Kur	cure [kjua]
Lähmung	paralysis [paˈrälisis]
Lebensmittelvergiftung	food-poisoning [ˈfuhd poisning]
Leber	liver [ˈliwa]
Leistenbruch	hernia [ˈhöhnja], rupture [ˈraptscha]
Lippe	lip [lip]
Loch (im Zahn)	cavity [ˈkäwiti]
Lunge	lungs [langs]
Magen	stomach [ˈstamak]
~schmerzen	stomach-ache [ˈstamakˌaik]
Mandeln	tonsils [ˈtonsls]
Masern	measles [ˈmihsls]
Menstruation	menstruation [ˌmänstruˈäischn]
Migräne	migraine [ˈmihgrain]
Mittelohrentzündung	inflammation of the middle ear [ˌinflaˈmäischn aw θa ˈmidl ˈia]
Mumps	mumps [mamps]
Mund	mouth [mauθ]
Muskel	muscle [ˈmasl]
Narbe	scar [skah]
Narkose	anaesthetic [ˌanisˈθatik]
Nase	nose [naus]
Nerv	nerve [nöhw]
nervös	nervous [ˈnöhwas]
Nieren|entzündung	nephritis [naˈfraitis]
~stein	kidney stone [ˈkidnistaun]
in Ohnmacht fallen	to faint [faint]
Ohr	ear [ia]
Operation	operation [ˌopaˈraischn]
Pilzinfektion	fungal infection [fuhngl inˈfäktschn]
Plombe	filling [ˈfiling]
Pocken	smallpox [ˈsmohlpoks]
Praxis	practice [ˈpräktis]
Prellung	bruise [bruhs], contusion [kanˈtjuhschn]

Prothese	artificial limb [ˌahtiˈfischl ˈlim]
Puls	pulse [pals]
Quetschung	bruise [bruhs], contusion [kanˈtjuhschn]
Rheuma	rheumatism [ˈruhmatism]
Rippe	rib [rib]
röntgen	X-ray [ˌäksˈrai]
Röteln	German measles [ˈdschöhmanˈmihsls]
Rücken	back [bäk]
~schmerzen	backache [ˈbäkäik]
Rückgrat	spine [spain]
Salmonellen	salmonellae [ˌsealmaˈnäla]
Schädel	skull [skal]
Scharlach	scarlet fever [ˈskahlitˈfihwa]
Schienbein	shin [schin]
Schlaflosigkeit	sleeplessness [ˈslihplisnis], insomnia [inˈsomnia]
Schlaganfall	stroke [strauk]
Schlüsselbein	collarbone [ˈkolabaun]
Schmerzen	pain [päin]
Schnittwunde	cut [kat]
Schnupfen	cold [kauld]
Schulter	shoulder [ˈschaulda]
Schüttelfrost	fit of shivering [ˈfit awˈschiwring]
Schwangerschaft	pregnancy [ˈpragnansi]
Schwellung	swelling [ˈswaling]
Schwindel	dizziness [ˈdisinis]
Sonnenstich	sunstroke [ˈsanstrauk]
Speiseröhre	gullet [ˈgalit]
Sprechstunde/Sprechzimmer	surgery [ˈsöhdschari]
Spritze	injection [inˈdschakschn]
Station	ward [wohd]
Stich	sting [sting]
Stirnhöhlenentzündung	sinusitis [ˌsainaˈsaitis]
Stuhlgang	bowel movement [ˈbaualˌmuhwmant]
Tetanus	tetanus [ˈtätanas]
Trommelfell	eardrum [ˈiadram]
Typhus	typhoid [ˈtaifoid]
Übelkeit	nausea [ˈnohsja]
Ultraschalluntersuchung	scan [skän]
Unterleib	abdomen [ˈäbdaman]
Untersuchung	examination [igˌsämiˈnäischn]
Urin	urine [ˈjuarin]
verbinden	to dress [dräs]
Verbrennung	burn [bohn]
Verdauung	digestion [diˈdschästschn]

Verdauungsstörung	indigestion [ˌindiˈdschästschn]
Vergiftung	poisoning [ˈpoisning]
verletzen	to hurt [höht], to injure [ˈindscha]
Verletzung	injury [ˈindschari]
verschreiben	to prescribe [prisˈkraib]
verstaucht	sprained [spräind]
Verstopfung	constipation [ˌkonstiˈpäischn]
Virus	virus [ˈwaiaras]
Wartezimmer	waiting room [ˈwaitingrum]
weh tun	to hurt [höht], to be painful [ˈpäinful]
Windpocken	chickenpox [ˈtschikinpoks]
Wunde	wound [wuhnd]
Zahn	tooth, (pl) teeth [tuhθ, tihθ]
~schmerzen	toothache [ˈtuhθäik]
Zecke	tick [tihk]
Zehe	toe [tau]
Zerrung	pulled ligament/muscle [ˈpuldˈligamant/ˈmasl]
ziehen (Zahn)	to take out [ˌtäikˈaut], to extract [iksˈträkt]
Zunge	tongue [tang]

BANK/GELDWECHSEL

Wo ist hier bitte eine Bank/ eine Wechselstube?	Where's the nearest bank/bureau de change? [ˈweas θaˈniaristˈbänk/ˈbjuarau daˈschöhnsch]
Wann öffnet/schließt die Bank?	What time does the bank open/close? [ˈwotˈtaim das θa bänkˈaupan/ˈklaus]
Ich möchte ... Euro (Schweizer Franken) in £ ($) wechseln.	I'd like to change … Euro (Swiss francs) into pounds (dollars). [aid laik tu tschäinsch juarau [ˈswisˈfränks] ˈintaˈpaunds (ˈdolas)]
Wie ist heute der Wechselkurs?	What's the current exchange rate? [ˈwots θaˈkarant iksˈtschäinsch räit]
Ich möchte diesen Reisescheck einlösen.	I'd like to change this traveller's cheque. [aid laik tu tschäinsch θisˈträwlasˈtschäk]
Auf welchen Betrag kann ich ihn maximal ausstellen?	What's the maximum I can cash on one cheque? [ˈwots θaˈmaksimam ai kan ˌkäsch on ˈwanˈtschäk]
Ihre Scheckkarte, bitte.	Can I see your cheque card, please? [kan ai sih johˈtschäkkahd plihs]
Darf ich bitte Ihren Pass/ Ausweis sehen?	May I see your passport/identity card, please? [mai ai sih johˈpahspoht/aiˈdäntitikahd plihs]
Würden Sie bitte hier unterschreiben?	Sign here, please. [sainˈhia plihs]

Gehen Sie bitte zur Kasse.	Go to the cash desk, please. [gau tə θə ˈkäschdäsk plihs]
Der Geldautomat akzeptiert meine Karte nicht.	The cashpoint does not accept my card. [θə ˈkäschpoint das nat äksäpt mai kahd]
Der Geldautomat gibt meine Karte nicht mehr heraus.	The cashpoint has swallowed my card. [θə ˈkäschpoint has swohlod mai kahd]

auszahlen	to pay out [ˌpäi ˈaut]
Bank	bank [bänk]
Betrag	amount [əˈmaunt]
Euro	Euro [juarau]
Formular	form [fohm]
Geheimzahl	pin number [ˈpin ˌnambə]
Geld	money [ˈmani]
~automat	cashpoint [ˈkäschpoint]
~schein	banknote [ˈbänknaut]
~wechsel	exchange [iksˈtschäinsch]
Kleingeld	change [tschäinsch]
Kreditkarte	credit card [ˈkrädit kahd]
Kurs	rate of exchange [ˈräit aw iksˈtschäinsch]
Münze	coin [koin]
Reisescheck	traveller's cheque [ˈtrawləs ˈtschak]
Schalter	counter [ˈkauntə], window [ˈwindau]
Scheck	cheque (Am check) [tschäk]
~karte	cheque card [ˈtschäkkahd]
Schweizer Franken	Swiss franc(s) [ˈswis ˈfränk[s]]
umtauschen	to change [tschäinsch]
Unterschrift	signature [ˈsignitschə]
Währung	currency [ˈkarənsi]
Wechsel|kurs	exchange rate [iksˈtschäinsch ˌräit]
~stube	bureau de change [ˈbjuarau də ˈschöhnsch]
Zahlung	payment [ˈpäimənt]

FARBEN

> Zeigebilder: Seite 4

beige	beige [bäisch]
blau	blue [bluh]
braun	brown [braun]
einfarbig	plain [pläin]
farbig	coloured [kaləd]
gelb	yellow [ˈjälau]

goldfarben	gold [gauld]
grau	grey [grài]
grün	green [grihn]
lila	purple [pöhpl]
orange	orange ['orindsch]
rosa	pink [pink]
rot	red [räd]
schwarz	black [bläk]
silberfarben	silver ['silwa]
türkis	turquoise ['törkois]
violett	purple violet [pöhpl / wai'aulit]
weiß	white [wait]
hellblau/hellgrün	light blue/light green [lait bluh / lait grihn]
dunkelblau/dunkelgrün	dark blue/dark green [dahk bluh / dahk grihn]

FOTOGRAFIEREN

 Zeigebilder: Seite 59

Darf ich Sie fotografieren?	Do you mind if I take a picture of you? [dju maind if ai taik a 'piktscha aw juh]
Ist hier Fotografieren erlaubt?	Am I allowed to take pictures here? [am ai a'laud tu taik 'piktschas hia]
Wären Sie wohl so freundlich, ein Foto von uns zu machen?	Would you mind taking a photo of us? [wud ju maind taiking a fautau aw as]
Sie müssen auf diesen Knopf drücken.	You only have to press this button. [juh 'aunli häw tu präs 'ßis bahtn]
Das ist sehr freundlich!	That's very kind of you. [ßäts wäri kaind aw juh]

FUNDBÜRO

Wo ist das Fundbüro, bitte?	Where's the lost-property office, please? ['weas ßa lost'propati ofis plihs]
Ich habe ... verloren.	I've lost … [aiw 'lost …]
Ich habe meine Handtasche im Zug vergessen.	I left my handbag on the train. [ai läft mai 'hänbäg on ßa 'train]
Benachrichtigen Sie mich bitte, wenn sie abgegeben werden sollte.	Please let me know if it's handed in. ['plihs lät mi 'nau if its 'händid 'in]

Hier ist meine Hotelanschrift/ Here's the address of my hotel/my home address.
Heimatadresse. [ˈhias θi_əˈdräs_əw mai hauˈtäl/mai ˈhaum_əˈdräs]

INTERNETCAFÉ

Wo gibt es in der Nähe
ein Internetcafé?
Is there an Internet café near here?
[is θäar an ˈintanät ˈkäfai nia hia]

Wieviel kostet eine Stunde?/
Viertelstunde?
What does it cost for an hour / a quarter of an
hour? [wot das it kohst fə an aua / a ˈkwohta aw an aua]

Kann ich eine Seite
ausdrucken?
Can I print out a page? [kan ai prihnt aut a päidsch]

Bei mir klappt die Verbindung
nicht.
I don't have a connection. [ai ˈdaunt haw a kəˈnäkschn]

Ich habe Probleme mit dem
Computer.
I have a problem with the computer.
[ai haw a prohbläm wiθ θa kompjuhta]

Kann ich bei Ihnen Fotos von
meiner Digitalkamera
auf CD brennen?
Can I burn some photos from my digital camera
onto CD here?
[kan ai böhn sam fautaus fram mai dihdschitl kämra ontu ci di]

Haben Sie auch ein Headset
zum Telefonieren?
Do you have a headset for phone calls?
[du juh haw a hädsät fə ˈfaunkohls]

KINDER UNTERWEGS

Gibt es auch Kinderportionen? Are there also children's portions?
[ah θäə_ˈohlsau ˈtschildrans ˈpohschans]

Könnten Sie mir bitte das
Fläschchen warm machen?
Could you please warm up the bottle?
[kud juh plihs wohm ap θa ˈbotl]

Haben Sie einen Wickelraum? Do you have a mothers' and babies' room?
[duh juh häw ai ˈmaθas änd ˈbäibis ruhm]

Wo kann ich stillen? Where can I breast feed? [wea kan_ai ˈbräst_fihd]

Bitte bringen Sie noch
einen Kinderstuhl.
Please bring another high chair.
[plihs bring aˈnaθa hai tschäa]

Babybett	cot [kott]
Babyfon	baby intercom [ˈbäibi ˈintakohm]
Babynahrung	baby food [ˈbäibi fuhd] ➤ S. 86 f.
Babysitter	babysitter [ˈbäibi ˌsita]
Fläschchenwärmer	bottle warmer [ˈbotl wohma]
Kinderautositz	child's safety seat [tschaildś ˈsäifti siht]

➤ www.marcopolo.de/englisch

Kinderermäßigung	child reduction ['tschaild ri'dakschn]
Kinderkrankenhaus	children's hospital ['tschildrəns ˌhospitl]
Planschbecken	paddling pool ['pädling ˌpuhl]
Saugflasche	feeding bottle ['fihding ''botl]
Schnuller	dummy ['dami]
Schwimmflügel	water wing ['wohtawing]
Schwimmring	tyre ['taiə]
Spielkameraden	playmates ['plai ˌmaits]
Spielplatz	playground ['plaigraund]
Spielsachen	toys [tois]
Wickeltisch	baby's changing table ['baibls 'tschäindsching 'taibl]
Windeln	nappies ['näpis] (Am diapers ['daiəpəs])

POLIZEI

Wo ist bitte das nächste Polizeirevier?	Where's the nearest police station, please? ['weəs ðə 'niarist pə'lihs ˌstäischn plihs]
Ich möchte einen Unfall anzeigen.	I'd like to report an accident. [aid laik tə ri'poht ˌan 'äksidənt]
Mir ist ...	My ... [mai]
die Handtasche	handbag ['hänbag]
der Geldbeutel	wallet ['wolit]
mein Fotoapparat	camera ['kämrə]
mein Auto/mein Fahrrad	car/bike ['kah/'baik]
gestohlen worden.	has been stolen. [has bin 'staulən]
Mein Auto ist aufgebrochen worden.	My car has been broken into. [mai 'kah has bin 'braukn ˌintu]
Aus meinem Auto ist ... gestohlen worden.	... has been stolen from my car. [has bin 'staulən frəm mai 'kah]
Ich habe ... verloren.	I've lost ... [aiw 'lost ...]
Mein Sohn/Meine Tochter ist seit ... verschwunden.	My son/daughter has been missing since ... [mai 'san/'dohtə has bin 'mising sins]
Können Sie mir bitte helfen?	Can you help me, please? ['kan ju 'hälp mi plihs]
Wir werden der Sache nachgehen.	We'll look into the matter. [wihl luk 'intə ðə 'mätə]
Ihren Namen und Ihre Anschrift, bitte.	Your name and address, please. [joh 'naim ˌan ə'dräs plihs]
Wenden Sie sich an das deutsche/österreichische/Schweizer Konsulat.	Get in touch with the German/Austrian/Swiss consulate. [gät ˌin tatsch wið ðə 'dschöhmən/öi ˌostriən/ðə 'swis 'konsjulat]

anzeigen	to report [ri'poht]
aufbrechen	to break into/open [braik 'intu/'aupn]
Auto|papiere	car documents ['kah 'dokjumants]
~radio	car radio ['kah 'raidiau]
~schlüssel	car keys ['kah kihs]
belästigen	to harass ['häras]
beschlagnahmen	to confiscate ['konfiskäit]
Brieftasche	wallet ['wolit]
Dieb	thief [θihf]
~stahl	theft [θäft]
Gefängnis	prison ['prisn]
Geld	money ['mani]
~beutel	purse [pöhs]
Gericht	court [koht]
Papiere	papers ['päipas], documents ['dokjumants]
Personalausweis	identity card [ai'däntiti kahd]
Polizei	police [pa'lihs]
Polizist/in	policeman/policewoman [pa'lihsman/pa'lihs‚wuman]
Rauschgift	drugs [drags]
Rechtsanwalt/anwältin	lawyer ['lohja]
Reisepass	passport ['pahspoht]
Richter/in	judge [dschadsch]
Scheck	cheque (Am check) [tschäk]
~karte	cheque card ['tschäk kahd]
Schlüssel	key [kih]
Taschendieb	pickpocket ['pik‚pokit]
Überfall	attack [a'tak], mugging ['maging]
Verbrechen	crime [kraim]
Vergewaltigung	rape [räip]
verhaften	to arrest [a'räst]
verlieren	to lose [luhs]
zusammenschlagen	to beat up ['biht 'ap]

POST

Wo ist das nächste Postamt/	Where's the nearest post office/post-box?
der nächste Briefkasten?	['weas 0a 'niarist 'paust ofis/ 'paust boks]
Was kostet ein Brief/	How much does a letter/postcard …
eine Postkarte …	['hau 'matsch das a 'läta/'paustkahd]
nach Deutschland?	to Germany [ta 'dschöhmani]
nach Österreich?	to Austria [tu_'ostria]
in die Schweiz?	to Switzerland [ta 'switsaland]
	cost? [kost]
Diesen Brief bitte per …	I'd like to send this letter … [aid laik ta sänd 0is 'läta]
Luftpost.	by airmail. [bai_'eamäil]
Express.	express. [iks'präs]
Wie lange braucht ein Brief	How long does a letter to Germany take?
nach Deutschland?	['hau 'long das a 'läta ta 'dschöhmani täik]

Absender	sender ['sända]
Adresse	address [a'dräs]
aufgeben	to post [paust]
ausfüllen	to fill in [fil 'in]
Bestimmungsort	destination [ˌdästi'näischn]
Brief	letter ['läta]
~kasten	post-box ['paustboks]
~marke	stamp [stämp]
~umschlag	envelope ['änwalaup]
Eilbrief	express letter [iks'präs 'läta]
Empfänger	addressee [ˌädrä'sih]
Formular	form [fohm]
frankieren	to stamp [stämp]
Gebühr	charge [tschahdsch], fee [fih]
Gewicht	weight [wäit]
Hauptpostamt	main post office ['mäin 'paust ofis]
Leerung	collection [ka'läkschn]
Luftpost, mit	by airmail [bai 'eamäil]
Paket	parcel ['pahsl]
Porto	postage ['paustidsch]
Post|amt	post office ['paust ofis]
~karte	postcard ['pauskahd]
~leitzahl	post code ['pauskaud] (Am zip code ['sipkaud])
Schalter	counter ['kaunta], window ['windau]
Vordruck	form [fohm]

TELEFONIEREN

Wo ist die nächste Telefonzelle?	Where's the nearest phone box? ['weas ðə 'niarist 'faunboks]
Können Sie mir bitte eine Telefonkarte geben?	Can I have a phonecard, please? [kan_ai häw_a 'faunkahd plihs]
Haben Sie ein Telefonbuch von ...?	Have you got a … telephone directory? [haw_ju got_a 'tälifaun di'räktri]
Wie ist die Vorwahl von ...?	What's the national code for …? ['wots ðə 'näschnl 'kaud fə]
Bitte ein Ferngespräch nach ...	I'd like to make a call to … [aid laik tə mäik ə 'kohl tu]
Ich möchte ein R-Gespräch anmelden.	I'd like to make a reverse charge call (Am collect call). [aid laik tə mäik_a ri'wohs 'tschahdsch 'kohl [kə'läkt 'kohl]]
Gehen Sie in Kabine Nr. ...	Booth number … ['buhθ 'nambə]
Hier spricht ...	This is … speaking. ['ðis_is 'spihking]
Hallo, mit wem spreche ich?	Hello, who's speaking? [,hə'lau 'huhs 'spihking]
Kann ich bitte Herrn/Frau/ Fräulein ... sprechen?	Can I speak to Mr/Mrs/Miss …, please? [kən_ai 'spihk tə 'mistə/ 'misis/ 'mis plihs]
Am Apparat.	Speaking. ['spihking]
Tut mir Leid, er/sie ist nicht da/zu Hause.	I'm sorry, he's/she's not here/at home. [aim 'sori hihs/schihs 'not 'hiə/ət 'haum]
Wann wird er/sie zurück sein?	When will he/she be back? [wän wil hih/schih bi 'bäk]
Kann er/sie Sie zurückrufen?	Can he/she call you back? [kan hih/schih 'kohl ju 'bäk]
Ja, meine Nummer ist ...	Yes, my number's … ['jäs mai 'nambas]
Würden Sie ihm/ihr bitte sagen, ich hätte angerufen?	Would you tell him/her that I called? [wud_ju 'täl him/höh ðət_ai 'kohld]

abnehmen	to answer the phone ['ahnsə ðə 'faun]
Anruf	(phone) call [['faun]kohl]
Auskunft	directory enquiries [di'räktri in'kwaiəris]
Auslandsgespräch	international call [,intə'näschənl kohl]
Besetztzeichen	engaged signal [in'gäidschd 'signl]
Ferngespräch	long-distance call [,long 'distəns kohl]
Gebühr	charge [tschahdsch]
Gebühreneinheit	unit ['juhnit]
Hörer	receiver [ri'sihwə]
Ortsgespräch	local call ['laukl kohl]
R-Gespräch	reverse charge call [ri'wöhs 'tschahdsch 'kohl]
Telefon	telephone ['tälifaun]
~buch	telephone directory ['tälifaun di'räktri]
~karte	phonecard ['faunkahd]
~nummer	phone number ['faun ,nambə]
~zelle	phone box ['faunboks]
telefonieren	to make a phone call [mäik_ə 'faunkohl]

Verbindung	line [lain]
Vorwahlnummer	national code ['näschnl 'kaud]
	(Am area code ['eariə 'kaud])
wählen	to dial ['dail]

■ HANDY | MOBILE PHONE (GB) / CELL PHONE (US) [maubail faun / säl faun] ▬

Bitte ein SIM-Karte.	A SIM card, please. [a sim caad plihs]
Bitte eine internationale Telefonkarte.	An international telephone card, please. [an intanäschənl'tälifaun caad plihs]
Wie viele Minuten kann ich mit einer Karte für ... sprechen?	How much call time do I get with a card for ...? [hau matsch kohl taim du ai gät wiθ ə kahd fə]
Für welches Gebiet gilt diese SIM-Karte?	For what area is this SIM card valid? [fə wot 'aariə is 'θis sim kahd wälid]
Geben Sie mir bitte eine Tarifübersicht.	Please give me a list of charges. [plihs giw mi ə list əw tschahdschis]
Haben Sie Guthabenkarten der Mobilfunkgesell-schaft...?	Have you got prepaid cards of the mobile commu-nications provider ...? [haw ju got pripaid kahds əw θə maubail 'kohmjuhnəkäischns prauwaidə]

TOILETTE UND BAD

Wo ist bitte die Toilette?	Where is the toilet, please? [waa is θə 'toilit plihs]
Dürfte ich wohl bei Ihnen die Toilette benutzen?	May I use your toilet? [mäi ai jus joh 'toilit]
Würden Sie mir bitte den Schlüssel für die Toiletten geben?	Would you give me the key for the toilet, please? [wud juh gihw mi θə kih fə θə 'toilit plihs]
Die Toilette ist verstopft.	The toilet is blocked up. [θə 'toilit is 'blockt 'ap]

Damen	Ladies [läidis]
Handtuch	towel ['taul]
Handwaschbecken	washbasin [wosch'bäisn]
Herren	Gents [dschänts]
sauber	clean [clihn]
schmutzig	dirty [döhti]
Seife	soap [səup]
Toilettenpapier	toilet paper ['toilit päipə]

❯ Kasten S. 72

> BLOSS NICHT!

So vermeiden Sie Fettnäpfe

Zauberhafte Verwandlung

Ein Klassiker und immer wieder von den Obern dieser Welt gerne genommen: Die magische Verwandlung ihrer Gäste in Speisen und Getränke. Denn, mit *I become a cup of coffee* oder *I become a Wiener Schnitzel* kündigen Sie selbstbewusst an, dieses zu „werden". Korrekt ist *Can I get a cup of coffee, please*. Aber wer will den Kellnern schon ihren Spaß verderben.

bekommt man(n)? Konservierungsmittel! Damit kann das ja wohl nicht klappen. Dann doch besser nach *condoms* fragen.

Giftige Geschenke

Die Angelsachsen haben hervorragende Krimiautoren. Diese wurden aber wohl in den seltensten Fällen von den vielen *Gift Shops* inspiriert. Denn dort findet man nicht die Zutaten für ein perfektes Verbrechen, sondern eher schöne Mitbringsel. *Geschenke* erhalten mehr als nur die Freundschaft...

Eiskalt serviert

Jedes Land hat ja so seine landestypischen Gerichte, aber dass man Tiefgefrorenes „*deep fried*" im Lokal serviert ... damit rechnet man nun wirklich nicht. Aber keine Sorge, Sie beißen sich an Ihrem Essen nicht die Zähne aus, sondern können sich auf leckere „*frittierte*" Speisen freuen. Sollte Ihnen doch der Sinn nach Tiefgefrorenem stehen, müssten Sie die Mahlzeit *deep frozen* bestellen. Aber wer will das schon?

Handys ganz praktisch

Handys sind doch praktisch. Und noch praktischer ist es, dass *handy* ein englischer Ausdruck ist. Dennoch sollten Sie besser ein *mobile phone* (UK) oder *cell phone* (USA) benutzen und den Begriff *handy* ausschließlich für „nützlich" oder „praktisch" verwenden. Sonst outen Sie sich sofort als Tourist.

Konservierende Präservative

Verhüten ist manchmal gar nicht so einfach ... Da verlangt man(n) in der Apotheke nach *preservatives* – und was

Rückseite oder Hinterteil?

Wie schön, dass es Kreditkarten gibt. Eine Unterschrift genügt und Sie strahlen über Ihre neue Errungenschaft. Aber nicht nur Sie ... Wenn Sie nämlich fragen, ob Sie den Ausdruck auf der Rückseite – *backside* – unterschreiben sollen, zaubern Sie auch ein Lächeln auf das Gesicht der Verkäuferin. Sie haben gerade nach dem Hintern gefragt.

WÖRTERBUCH

DIE 1333 WICHTIGSTEN WÖRTER

Die hinter der englischen Aussprache aufgeführten Zahlen verweisen auf die entsprechenden Seiten der themenbezogenen Kapitel.

A

ab from [from]
abbestellen to cancel ['känsl]
Abend evening ['ihwning], night [nait]
aber but [bat]
Abfahrt departure [di'pahtscha] ➤ 31 f., 34
Abflug take-off ['täik-of] ➤ 29 f.
ablaufen to expire [ik'spaia]
ablehnen to decline [di'klain], to refuse [ri'fjuhs]
Abreise departure [di'pahtscha] ➤ 71
abreisen (nach) to leave (for) ['lihw foh]
Abschied farewell [fää'wäl] ➤ 12
abschleppen to tow (away) [tau (a'wäi]] ➤ 24 f.
Absender sender ['sända]
abwärts down [daun]
Achtung attention [a'tänschn]; (Vorsicht!) look out! ['luk'aut]
Adresse address [a'dräs]
Aktivurlaub active holiday [äktaw 'holadi] ➤ 84 ff.
alle all [ohl]
allein alone [a'laun]
alles everything ['äwrißing]
als (zeitlich) when [wän]; (bei Vergleich) than [ßän]
also so [sau], thus [ßas]
alt old [auld]
Alter age [äidsch] ➤ 14
Amerika America [a'märika]
Amerikaner/in American [a'märikn]
Amt (Dienststelle) office ['ofis], department [di'pahtmant]
an on [on]
anbieten to offer ['ofa]
andere, der ~ the other ['aßa]
ändern to change [tschäindsch], to alter ['ohlta]
anders different(ly) ['difrant(li)]
Anfang beginning [bi'gining]
angelsächsisch Anglo-Saxon [,änglau'säksn]
Angst fear [fia]
anhalten to stop [stop]
ankommen to arrive [a'raiw]
Ankunft arrival [a'raiwl] ➤ 30

Anmeldung registration [,rädschis'träischn] ➤ 69 f.
Anreisetag day of arrival [däi aw a'raiwl]
Anruf (phone) call [('faun)kohl] ➤ 104 f.
anrufen to ring [ring], to call [kohl], to phone [faun]
Anschluss connection [ka'näkschn] ➤ 31
Anschrift address [a'dräs]
anstatt instead of [in'städ aw]
anstrengend strenuous ['stränjuas]
antworten to answer ['ahnsa], to reply [ri'plai]
Apotheke chemist's ['kämists] ➤ 57, 60
Appetit appetite ['äpitait]
arbeiten to work [wöhk]
ärgern, s. ~ (über) to be angry ['ängri] (about/at)
arm poor [pua]
Ärmelkanal the English Channel ['inglisch 'tschänl]
Art kind [kaind], sort [soht]
Arzt doctor ['dokta] ➤ 90 ff.
Atlantik Atlantic [at'läntik]
auch also ['ohlsau]; (nachgestellt) too [tuh]
auf on [on]
aufbrechen to break into/open [bräik 'intu/'aupn]
Aufenthalt stop [stop], stay ['stäi]
aufgeben (Gepäck) to register ['rädschista] ➤ 31; (Post) to post [paust], (Am) to mail [mäil] ➤ 103
aufhören to stop [stop]
aufpassen (auf) to take care of [täik 'käar aw], to look after [luk 'ahfta]
aufstehen to get up ['gät 'ap]
Augenblick moment ['maumant]
aus (Herkunft) from [from]; (Material) of [ow]
Ausfahrt (Autobahn~) exit ['ägsit]
Ausflug excursion, trip [ik'sköhschn, trip] ➤ 81
ausfüllen to fill in [fil 'in]
Ausgang exit ['ägsit], way out [wäi 'aut]
Auskunft information [infa'mäischn] ➤ 8 f., 20, 23, 29 f., 31, 34, 68, 78; (Telefon~) directory enquiries [di'räktri in'kwaiaris] ➤ 104
Ausländer foreigner ['forana]

außen outside [ˌautˈsaid]

außer except [ikˈsäpt]

außerdem besides [biˈsaids]

Aussicht view [wjuh]

aussprechen to pronounce [prəˈnauns]

aussteigen to get out [ˈgät ˈaut] ➤ 32, 34.

Ausweis (Personal~) identity card [aiˈdäntiti kahd]

Auto car [kah] ➤ 23 ff.

Autopapiere car documents [ˈkah ˈdokjumants] ➤ 27

➤ 23 ff.
➤ 27

■■ B

Baby baby [ˈbäibi] ➤ 100 f.

Bahnhof station [ˈstäischn] ➤ 31 f.

bald soon [suhn]

Bank (Geldinstitut) bank [bänk] ➤ 97 f.

Bar bar [bah]

Baum tree [trih]

beachten to pay attention to [päi əˈtänschn tuh]

Beanstandung complaint [kəmˈpläint] ➤ 38, 70

beantworten to reply [riˈplai], to answer [ˈahnsa]

bedeuten to mean [mihn]

Bedienung service [ˈsöhwis]

beenden to finish [ˈfinisch]

befinden, s. ~ to be [bih]

befreundet sein to be friends [frändz]

befürchten to fear [fiə], to be afraid (of) [əˈfräid]

begegnen to meet [miht]

beginnen to begin [biˈgin], to start [staht]

begleiten to accompany [əˈkəmɪpənɪ]

begrüßen to greet [griht], to welcome [ˈwälkəm] ➤ 10

behalten to keep [kihp]

Behörde authorities [ohˈθoritis]

bei (nahe) near [niə]

beide both [bauθ]

Beileid condolence(s) [kənˈdəulans(is)]

Beispiel example [igˈsahmpl]

beißen to bite [bait]

beklagen, s. ~ (über) to complain (of/about) [kəmˈpläin (əw/əˈbaut)]

belästigen to harass [ˈhäras] ➤ 102

beleidigen to offend [əˈfänd], to insult [inˈsalt]

Belgien Belgium [ˈbäldscham]

Belgier/in Belgian [ˈbäldschan]

benachrichtigen to inform [inˈfohm]

benötigen to need [nihd]

benutzen to use [juhs]; (Verkehrsmittel) to take [täik]

Benzin petrol (Am gas) [ˈpätrəl, gäs] ➤ 23, 25

Berg mountain [ˈmauntin]

Beruf job [dschob], profession [prəˈfäschn]

beruhigen, s. ~ to calm down [ˈkahm ˈdaun]

beschädigen to damage [ˈdämidsch]

bescheinigen to certify [ˈsöhtifai]

beschlagnahmen to confiscate [ˈkonfiskäit]

beschließen to decide [diˈsaid]

beschweren, s. ~ (über) to complain (about) [kəmˈpläin (əˈbaut)]

besetzt (Platz) occupied [ˈokjupaid], taken [ˈtäikn]; (voll) full [ful]; (Telefon, Toilette) engaged [inˈgäidschd]

besichtigen to visit [ˈwisit]

Besichtigung tour [tuə] ➤ 78 ff.

besitzen to own [əun]

Besitzer/in owner [ˈauna]

besorgen to get [gät]

bestätigen to confirm [kənˈföhm]

Besteck cutlery: knife, fork and spoon [ˈkatlari, ˈnaif, ˈfohk an ˈspuhn]

Bestellung order [ˈohdə] ➤ 38.

bestimmt certain(ly) [ˈsöhtn(li)]

besuchen, jdn ~ to visit s. o. [ˈwisit], to call on s. o. [ˈkohl on]

Betrag amount [əˈmaunt]

betreten to enter [ˈäntə]

betrinken, s. ~ to get drunk [ˈgät ˈdrank]

betrügen to cheat [tschiht]

betrunken drunk [draŋk]

Bett bed [bäd]

Bewohner inhabitant [inˈhäbitant]

bewusstlos unconscious [anˈkonschas]

bezahlen to pay [päi] ➤ 38

Biene bee [bih]

Bild picture [ˈpiktscha]; (Abbildung) illustration [ˌilasˈträischn]; (Gemälde) painting [ˈpäinting]

billig cheap [tschihp]

bis to [tuh]; (zeitlich) till [til], until [anˈtil]

bisschen, ein ~ a bit [bit]

bitte please [plihs]; wie bitte? Pardon? [ˈpahdn] ➤ 12

Bitte request [riˈkwäst]

bitten, jdn um etw ~ to ask s. o. for s. th. [ahsk]

blau blue [bluh]

bleiben to remain [riˈmäin], to stay [stäi]

Blitz (Gewitter) lightning [ˈlaitning]; (Foto) flash [fläsch]

Blume flower ['flauə]

Blut blood [blad]

Boden ground [graund]; (Fußboden) floor [floh]

Boot boat [baut] ➤ 85

böse evil ['ihwl]; (ungezogen) naughty ['nohti]; (verärgert) angry ['ängri]

Botschaft (dipl. Vertretung) embassy ['ambasi]

Brand fire ['faiə]

brauchen to need [nihd], to want [wont]; (Zeit) to take [täik]

brechen to break [bräik]

breit broad [brohd], wide [waid]

Bremse brake [bräik] ➤ 24 ff.

brennen to burn [böhn]

Brief letter ['lätə] ➤ 103

Brieftasche wallet ['wolit] ➤ 101 f.

Brille glasses ['glahsis] ➤ 65

bringen (herbringen) to bring [bring]; (wegbringen) to take [täik]

Brot ➤ 43, 46

Bruder brother ['braðə]

Buch book [buk] ➤ 56, 67

buchstabieren to spell [späl]

Bucht bay [bäi]

Buchung booking ['buking] ➤ 7 f., 29 f.

Büro office ['ofis]

Bus bus [bas] ➤ 34 f.

■■■ **C**

Café café ['kafäi]

Camping camping ['kämping] ➤ 9, 76 f.

Chef head [häd], boss [bos]

Club/Diskothek club / discotheque [klab / diskatäk] ➤ 82

Computer ➤ 59, 100

Computerhandlung computer shop [kompjuhtə schop] ➤ 56, 59

Cousin/e cousin ['kasn]

■■■ **D**

da (Ort) there [ðäə]; (Zeit) then [ðän]; (Grund) as [äs], because [bi'kos]

dafür sein to be for it ['fohr it]

dagegen sein to be against it [ə'gänst it]

daheim at home [ət 'haum]

daher (Grund) therefore ['ðäəfoh]

damals then [ðän], at that time [taim]

Dame lady ['läidi]

danach afterwards ['ahftəwads]

Dank thanks [ðanks] ➤ 12

danken to thank [ðank]

dann then [ðän]

da sein (anwesend) to be present ['präsnt], to be there [ðäə]

dasselbe the same [säim]

Datum date [däit] ➤ 17

Dauer duration [djua'räischən]

dauern to last [lahst]

Decke (Bettdecke) blanket ['blänkit]

defekt fault [fohlt] ➤ 24 f.

dein your [joh]

denken (an) to think (of) ['ðink əw]

denn for [foh]

deshalb therefore ['ðäəfoh]

Deutsche, der/die German ['dschöhmən]

Deutschland Germany ['dschöhməni]

dich you [juh]

dick thick [ðik]; (Person) stout [staut], fat [fät]

Diebstahl theft [ðäft] ➤ 101 f.

diese(r, s) this [ðis]; (pl) these [ðihs]; (dort) that [ðät], (pl) those [ðaus]

Ding thing [ðing]

dir to you [tə 'juh]; (unmittelb. hinter d. Verb) you [juh]

Direktor director [di'räktə], manager ['mänidschə]

Disko discotheque [diskatäk] ➤ 82

doch yet [jät], however [hau'äwə]

Doktor/in doctor ['doktə]

doppelt (adj) double ['dabl]; (adv) twice [twais]

Dorf village ['wilidsch]

draußen outside [ˌaut'said]

drin, drinnen inside [ˌin'said], indoors [ˌin'dohs]

dringend urgent ['öhdschənt]

Drogerie chemist's ['kämists] ➤ 56, 58

du you [juh]

dumm stupid ['stjuhpid]

dunkel dark [dahk]

dünn thin [ðin]; (schlank) slim [slim], slender ['sländə]

durch through [ðruh]; (quer durch) across [ə'kros]; (Mittel) by (means of) [bai('mihns əw)]

Durchgang passage ['päsidsch]; (Tor) gateway ['gäitwäi]

Durchreise, auf der ~ passing through ['pahsing 'ðruh]

Durchreisevisum transit-visa ['tränsit wihsə]

durchschnittlich (adj) average ['äwridsch]; (adv) on average

dürfen to be allowed [ə'laud]

durstig sein to be thirsty ['ðöhsti]

eben (flach) flat [flät]; (glatt) smooth [smuhß]; (zeitlich) just now ['dschast 'nau]

Ebene plain [pläin]

echt genuine ['dschänjuin]

Ecke corner ['kohna]

Ehefrau wife [waif]

Ehemann husband ['hasbänd]

Ehepaar married couple ['märid 'kapl]

Ei egg [äg]

Eigenschaft quality ['kwoliti], characteristic [,kärikta'ristik]

Eigentümer/in owner ['auna]

eilig urgent ['öhdschant]

ein(e) one [wan]

Einfuhr import ['impoht]

Eingang entrance ['äntrans]

einige some [sam]; (bei Frage, Verneinung, Bedingung) any ['äni]

einigen, s. ~ to agree [a'grih]

einkaufen to buy [bai], to go shopping [gau 'schoping] > 54 ff.

einladen to invite [in'wait]

einmal once [wans]

einreisen to enter the country ['änta ða 'kantri] > 22 f.

eins one [wan]

einsam (Mensch) lonely ['launli]; (Haus usw.) secluded [si'kluhdid], isolated ['aisaläitid]

eintreten to enter (a room) ['änta]

Eintrittskarte (admission) ticket [(ad'mischn) 'tikit] > 83

Einwohner inhabitant [in'häbitänt]

Eisenbahn railway ['railwai]; (Zug) train [träin] > 31 f.

Elektrohandlung electrical goods [i'läktrikal guds] > 56, 59

Eltern parents ['pääränts]

E-Mail-Adresse e-mail address [ihmäil 'adräs] > 8

Empfang reception [ri'säpschn]

Empfänger addressee [,ädra'sih] > 103

empfehlen to recommend [,räka'mänd]

enden to end [änd]

endgültig (adj) definite ['däfinit]; (adv) definitely ['däfinitli]

endlich finally ['fainali]

England England ['ingländ]

Engländer/in Englishman/-woman ['inglischman/-'wuman]

englisch English ['inglisch]

Enkel/in grandson ['gränsan] /granddaughter ['grän,dohta]

entdecken to discover [dis'kawa]

entfernt distant ['distant]

entgegengesetzt opposite ['opasit]

entlang along [a'long]

entscheiden to decide [di'said]

entschließen, s. ~ to make up one's mind ['mäik ap wans 'maind]

Entschluss decision [di'sischn]

entschuldigen, s. ~ to apologize [a'poladschais] > 12

Entschuldigung excuse [iks'kjuhs] > 12

enttäuscht disappointed [,disa'pointid]

entweder ... oder either ... or ['aiða 'oh]

entwickeln to develop [di'wäłap]

er he [hih]

Erde earth [öhß]

Erdgeschoss ground-floor ['graund'floh]

ereignen, s. ~ to happen ['häpn]

Ereignis event [i'want]

erfahren to learn [löhn], to hear [hia]; (adj) experienced [iks'piarianst]

erfreut (über) pleased (with) [plihsd (wiß)], glad (of) [gläd (aw)]

Ergebnis result [ri'salt]

erhalten to receive [ri'sihw], to get [gät]

erhältlich obtainable [ab'tainabl], available [a'wäilabl]

erholen, s. ~ to recover [ri'kawa]

erinnern, jdn an etw ~ to remind [ri'maind] s. o. of s. th.; s. erinnern to remember [ri'mämba]

erkennen to recognize ['räkagnais]; (erfassen) to realize ['rialais]

erklären to declare [di'klää]; (deutlich machen) to explain [iks'pläin]

erkundigen, s. ~ to inquire [in'kwaia]

erlauben to allow [a'lau], to permit [pa'mit]

Erlaubnis permission [pa'mischn]

erledigen to settle ['sätl]

Ermäßigung reduction [ri'dakschn]

ernst serious ['siarias]

erreichen to reach [rihtsch]

Ersatz replacement [ri'pläismant]; (Ausgleich) compensation [,kompän'säischn]

erschöpft exhausted [ig'sohstid]

erschrecken to frighten ['fraitn], to startle ['stahtl]; (erschrocken sein) to be alarmed [a'lahmd]

ersetzen to replace [ri'pläis]; (Schaden) to make good ['mäik 'gud]

WÖRTERBUCH

erst (zuerst) first of all ['föhst əw ˌohl]; (nicht früher als) only ['əunli]

Erwachsene(r) adult ['ädalt]

erzählen to tell [täl]

Erziehung education [ˌädjuˈkäischn]

es it [it]; **es gibt** there is [ßäar is], there are [ßäar ah]

essbar edible ['ädibl]

essen to eat [iht]

Essen (Mahlzeit) meal [mihl] ➤ 36 ff.; (Nahrung) food [tuhd] ➤ 64 f.

etwa about [ə'baut]

etwas something ['samßing]; (verneint, fragend) anything ['änißing]; (ein wenig) a little ['litl]

euch you [juh]

euer your [joh]

Euro Euro [juarəu] ➤ 97 f.

Europa Europe ['juarəp]

Europäer/in European [ˌjuarəˈpian]

F

Fabrik factory ['fäktəri]

fahren (mit dem Zug, Auto) to go [gau] by train, car etc.; (lenken) to drive [draiw]

Fahrkarte ticket ['tikit] ➤ 32, 34

Fahrplan timetable ['taimˌtäibl] ➤ 32, 34

Fahrrad bicycle, bike ['baisikl, baik] ➤ 23 ff.

Fahrstuhl lift [lift], (Am) elevator ['äliwäitə]

Fahrt (Reise) journey ['dschöhni], trip [trip]; (See~) voyage ['woiidsch]; (Auto) drive [draiw]

fallen to fall [fohl]

falsch wrong [rong]

Familie family ['fämili]

Familienname surname ['söhnäim] ➤ 98 f..

Farbe colour ['kalə] ➤ 98 f..

faul lazy ['läisi]; (Obst) rotten ['rotn]

fehlen to be missing ['mising]

Fehler (den man macht) mistake [mis'täik]; (den man hat) fault [fohlt]

Feiertag holiday ['holədi] ➤ 18 f.

Feld field [fihld]

Fels rock [rok]; (Klippe) cliff [klif]

Ferien holidays ['holədis], (Am) vacation [wa'käischən]

Ferienhaus holiday home ['holədi ˌhaum] ➤ 9, 74 f.

Ferngespräch long-distance call [ˌlong 'distəns kohl] ➤ 104 f.

fertig (bereit) ready ['rädi]; (vollendet) finished ['finischt]

Fest celebration [ˌsäli'bräischn] ➤ 83 , party ['pahti]

Festland mainland, dry land ['mäinländ, 'drai ˌländ]

fett fat [fät]

feucht moist [moist], damp [dämp]

Feuer fire ['faiə]

Feuerlöscher fire extinguisher ['faiəriksˌtingwischə]

Feuermelder fire alarm ['faiərəˌlahm]

Feuerwehr fire brigade ['faiəbriˌgäid]

Film film [film], (Am) movie ['muhwi] ➤ 82 f.; (Foto) (roll of) film [raul əw) film]

finden to find [faind]

Firma firm [föhm], company ['kampəni]

Fisch fish [fisch] ➤ 44, 47

Flasche bottle ['botl]

Fleisch meat [miht] ➤ 38, 45, 48

Fliege fly [flai]

fliegen to fly [flai]

fließen to flow [flau]

flirten to flirt [flöht] ➤ 15

Flug flight [flait] ➤ 29 ff.

Flugzeug plane [pläin] ➤ 29 ff.

Fluss river ['riwə]

folgen to follow ['folau]

fordern to demand [di'mahnd], to ask [ahsk]

Formular form [fohm]

fort away [ə'wäi]

fortsetzen to continue [kən'tinju]

Foto photo(graph) ['fautəu (grahf)]

Fotoartikel photographic materials [ˌfautə'gräfik ma'tiarials] ➤ 56, 59

fotografieren to take a photo ['täik ə 'fautəu] ➤ 99

Frage question ['kwästschn]; (Problem) problem ['probləm]

fragen to ask [ahsk]

frankieren to stamp [stämp]

französisch French [fräntsch]

Frau woman ['wumən]; (Ehefrau) wife [waif]; (Anrede) Madam ['mädəm]; (vor Namen) Mrs ['misis]

frei free [frih]; (Toilette) vacant ['wäiknt]; (Platz) free [frih]

fremd strange [sträindsch]; (ausländisch) foreign ['forən]; (unbekannt) unknown ['an'naun]

Fremde, der/die stranger ['sträindschə]; (Ausländer) foreigner ['forənə]

Fremdenführer guide [gaid]

Freude joy [dschoi], pleasure ['pläschə]

freuen, s. ~ (über) to be pleased (with/about) ['plihsd wið/ə'baut]; **freuen, s. ~ auf** to look forward to ['luk 'fohwəd tuh]

Freund/in (boy)friend/(girl)friend [('boi)fränd/('göhl)fränd]

freundlich friendly ['frändli], kind [kaind]

Freundlichkeit kindness ['kaindnis]

Friede peace [pihs]

frieren to be cold [kauld], to freeze [frihs]

frisch fresh [fräsch]; (kühl) cool [kuhl]; (neu) new [njuh]; (Wäsche) clean [klihn]

Friseur hairdresser's ['hea,dräsəs], (Herren) barber's ['bahbəs] ➤ 56, 60 f.

froh glad [gläd]; (glücklich) happy ['häpi]; (lustig) merry ['märi]

früh early ['öhli]

Frühstück breakfast ['bräkfəst] ➤ 43, 46

fühlen to feel [fihl]

Führer (für Fremde) guide [gaid]

Führerschein driving-licence ['draiwing 'laisns]

Führung guided tour ['gaidid 'tuə] ➤ 79

Fundbüro lost-property office ['lost'propati ,ofis] ➤ 99 f.

funktionieren to work [wohk]

für for [foh]

fürchten to fear [fiə]; **s. fürchten vor** to be afraid of [ə'fraid]

fürchterlich terrible ['tärəbl]

■ G

Gabel fork [fohk]

Gang (Auto) gear [giə]; (Essen) course [kohc]; (Flur) corridor ['koridoh]

ganz (adj) whole [haul]; (pl) all [ohl]; (vollständig) entire [in'taiə], complete [kəm'pliht]

ganz (adv) quite [kwait]

Garage garage ['gärahdsch]

Garantie guarantee [,gärən'tih]

Garten garden ['gahdn]

Gast guest [gäst]

Gastgeber/in host/hostess [haust/'haustis]

Gasthaus/Gasthof hotel [həu'täl], inn [in]

Gebäude building ['bilding]

geben to give [giw]

Gebet prayer [prää]

Gebirge mountains ['mauntins]

geboren born [bohn]

Gebühr charge, fee [tschahdsch, fih]

Geburt birth [böhθ]

Geburtsdatum date of birth ['däit əw 'böhθ]

Geburtsname maiden name ['mäidn näim]

Geburtsort place of birth ['pläis əw 'böhθ]

Geburtstag birthday ['böhθdäi] ➤ 13

Gedanke thought [θoht]

gefährlich dangerous ['däindschrəs]

gefallen to please [plihs]

Gefängnis prison ['prisn] ➤ 102

Gefühl feeling ['fihling]

gegen against [ə'gänst]; (Sport) versus ['wöhsəs]; (in Richtung auf) towards [tə'wohds]; (zeitlich) about [ə'baut]

Gegend region ['rihdschən], area ['ääriə], district ['distrikt]

Gegenstand object ['obdschikt], item ['aitəm]

Gegenteil opposite ['opəsit], contrary ['kontrəri]

geheim secret ['sihkrit]

gehen to go [gəu]; (zu Fuß) to walk [wohk]

gehören to belong to [bi'long tuh]

Geistlicher clergyman ['klöhdschimən]

gelb yellow ['jäləu]

Geld money ['mani] ➤ 97 f.

Geldautomat cashpoint ['käschpoint] ➤ 98

Geldbeutel purse [pöhs]

Geldstück coin [koin]

Geldwechsel exchange [iks'tschäinsch] ➤ 97 f., (Schild) bureau de change ['bjuərəu də 'schahnsch]

Gelegenheit occasion [ə'käischən]; (günstige ~) opportunity [,opə'tjuhniti]

gemeinsam (adj) common ['komən]; (adv) together [tə'gäθə]

gemischt mixed [mikst]

Gemüse vegetables ['wädschtəbls] ➤ 41, 49

genau exact(ly) [ig'säkt(li)]

genießen to enjoy [in'dschoi]

genug enough [i'naf], sufficient [sə'fischənt]

geöffnet open ['əupn]

Gepäck luggage (Am baggage) ['lagidsch, 'bägidsch] ➤ 30, 32

geradeaus straight on ['sträit 'on]

Gericht (Justiz) court [koht] ➤ 102, (Essen) dish [disch] ➤ 36 ff.

gern gladly ['glädli]

Geruch smell [smäl]

Geschäft (Laden) shop [schop], (Am) store [stoh] ➤ 56 ff.

geschehen to happen ['häpn]

Geschenk present ['präsnt], gift [gift]

Geschichte history ['histəri]; (Erzählung) story ['stohri]

geschlossen shut [schat], closed [kləusd]

Geschmack taste [täist]

WÖRTERBUCH

Geschwindigkeit speed [spihd]
Gesellschaft society [sa'saiati]; (Begleitung) company ['kampani]
Gespräch conversation [ˌkonwa'säischn], talk [tohk]
gesund healthy [hälθi]
Gesundheit health [hälθ]
Getränk drink [drink] ➤ 38, 44, 51 f.
getrennt separate ['säprat]
Gewicht weight [wäit]
gewinnen to gain [gäin]; (siegen) to win [win]
gewiss (adj) certain ['söhtn], sure [schua]; (adv) certainly ['söhtnli]
Gewitter thunderstorm ['θandastohm]
gibt, es there is [θäar is], there are [θäar ah]
Gift poison ['poisn]
Gipfel summit ['samit]
Gitarre guitar [gi'tah]
Glas glass [glahs]
Glaube faith [fäiθ]
glauben to believe [bi'lihw]
gleich same [säim]; (sofort) immediately [i'mihdjatli], at once [at 'wans]
Glück luck [lak]; (Erfolg) success [sak'säs]
glücklich happy ['häpi]; (Glück gehabt) lucky ['laki]
Glückwunsch congratulations [kanˌgrätju'läischns] ➤ 13
Gott God [god]
Gottesdienst service ['söhwis]
Grab tomb, grave [tuhm, gräiw]
Grad degree [di'grih]
gratulieren to congratulate [kan'grätjuläit]
grau grey [gräi]
Grenze border ['bohda] ➤ 22 f.
groß big [big], large [lahdsch]; (Statur) tall [tohl]; (bedeutend) great [gräit]
Größe (Umfang) size [sais]; (Länge, Höhe) height [hait]
Großmutter grandmother ['gränˌmaθa]
Großvater grandfather ['gränˌfahθa]
grün green [grihn]
Grund reason ['rihsn], cause [kohs]; (Beweg~) motive ['mautiw]
Gruppe group [gruhp]
grüßen to greet [griht]
gültig valid ['walid] ➤ 22
gut (adj) good [gud]; (adv) well [wäl]

H

Haar hair [hea] ➤ 60 f.

haben to have [häw]
Hafen port [poht] ➤ 32
halb half [hahf]
Halle hall [hohl]
hallo hello [ha'lau]
halt! halt! [hohlt], stop! [stop]
halten to keep [kihp]; (dauern) to last [lahst]; (stehen bleiben) to stop [stop]
Haltestelle stop [stop] ➤ 34
Handy mobile phone (GB) / Cell phone (US) [maubail faun / säl faun] ➤ 105
hart hard [hahd], solid ['solid]
hässlich ugly ['agli]
häufig (adv) frequently ['frihkwantli]
Haus house [haus]
Hausbesitzer/in landlord/landlady ['länlohd, 'länˌläidi]
hausgemacht home-made [ˌhaum'mäid]
Haushaltswaren household goods ['haushauld guds] ➤ 75 ff.
heilig holy ['hauli]
Heimat home [haum], native country ['näitiw 'kantri]
heimlich secret ['sihkrit]
Heimreise return journey [ri'töhn 'dschöhni], journey home ['dschöhni 'haum]
heiraten to marry ['märi]
heiß hot [hot]
heißen to be called [bi 'kohld]
heiter cheerful ['tschiaful]; (Wetter) bright [brait], clear [klia]
Heizung heating ['hihting]
helfen, jdm ~ to help s. o. [hälp]
hell bright [brait]
herein! come in! ['kam 'in]
hereinkommen to come in ['kam 'in]
Herkunft origin ['ahridschin] ➤ 14
Herr gentleman ['dschäntlman]; (vor Namen) Mr ['mista]
heute today [ta'däi]
hier here [hia]
Hilfe help [hälp], aid [äid]; **Erste ~** first aid ['föhst 'äid]
Himmel sky [skai]; (rel) heaven ['häwn]
hinlegen to put down ['put 'daun]; **s. ~** to lie down ['lai 'daun]
hinsetzen, s. ~ to sit down ['sit 'daun]
hinter behind [bi'haind]
Hobby hobby ['hobi] ➤ 14
hoch high [hai]
Hochzeit wedding ['wäding]
hoffen to hope [haup]

höflich polite [pə'lait]

Höhe height [hait]

Holz wood [wud]

Honorar fee [fih]

hören to hear [hiə]; (zuhören) to listen ['lisn] (to)

Hotel hotel [hau'täl] ➤ 6 ff., 68 ff.

hübsch pretty ['priti]

Hügel hill [hil]

Hund dog [dog]

Hunger hunger ['hangə]

hungrig hungry ['hangri]

Hütte hut [hat], cottage ['kotidsch]

■■ I ■■■■■■■■■■■■■

ich I [ai]

Idee idea [ai'diə]

ihr (poss prn, f) her [höh], (pl) their [θää]

Imbiss snack [snäk]

immer always ['ohlwäis]

imstande sein to be able to ['äibl tuh]

in in [in]

inbegriffen included [in'kluhdid]

informieren to inform [in'fohm]

Inhalt contents ['kontänts]

innen inside [in'said]

Innenstadt city centre, town centre ['siti 'sänta, 'taun 'sänta]

innerhalb (zeitlich) within [wi'θin]

Insekt insect ['insäkt]

Insel island ['ailənd]

interessieren, s. ~ (für) to be interested (in) ['intristid]

international international [ˌintə'näschənl]

Internet Internet ['intənät] ➤ 100

Internetadresse Internet adress ['intanät 'adräs] ➤ 8, 100

Ire Irishman ['airischmən]

Irin Irishwoman ['airisch ˌwumən]

Irland Ireland ['aialənd], Eire ['äära]

irren, s. ~ to be mistaken [mis'täikən]

Irrtum mistake [mis'täik]

■■ J ■■■■■■■■■■■■■

Jahr year [jiə]

Jahreszeit season ['sihsn] ➤ 18

jeder every ['äwri]

jedesmal every time ['äwri 'taim]

jemand somebody ['sambadi], (in verneinten u. fragenden Sätzen) anybody ['äniˌbodi]

jetzt now [nau]

Jugendherberge youth hostel ['juhθ ˌhostl] ➤ 77

jung young [jang]

Junge boy [boi]

Junggeselle bachelor ['bätschələ]

■■ K ■■■■■■■■■■■■■

Kabine cabin ['käbin]

Kaffee coffee ['kofi]

kalt cold [kauld]

Kanal canal [kə'näl]; channel ['tschänl]

Kapelle (Gebäude) chapel ['tschäpl]

kaputt broken ['braukn], out of order [aut aw 'ohdə]

Käse cheese [tschihs] ➤ 43, 50

Kasse box office ['boks ˌofis], ticket office ['tikit ˌofis]

Katze cat [kät]

Kauf purchase ['pöhtschas]

kaufen to buy [bai]

kaum hardly ['hahdli], scarcely ['skäasli]

Kaution security [si'kjuariti]

kein no [nau]

keine(-r, -s) nobody ['naubadi]

Kellner/in waiter/waitress ['waitə/ 'waitris]

kennen to know [nau]

kennen lernen, jdn to get to know s. o. [ˌgät ta 'nau] ➤ 10 ff.

Kind child [tschaild], (pl) children ['tschildrən] ➤ 100 f.

Kino cinema ['sinama] ➤ 82 f.

Kirche church [tschöhtsch]

Kissen cushion ['kuschn]; (Kopfkissen) pillow ['piləu]

Kleidung clothing ['klohθing] ➤ 62 f.

klein little [litl], small [smohl]

Kleingeld change [tschäinsch]

Klima climate ['klaimit] ➤ 19

Klingel bell [bäl]

klingeln to ring [ring]

klug clever ['kläwa], intelligent [in'tälidschənt]

Kneipe pub [pab]

knipsen (Photo) to take a snap(shot) ['täik a 'snäp(schot)]

kochen to cook [kuk]; (Kaffee, Tee) to make [mäik]; (Wasser) to boil [boil]

Koffer suitcase ['sjuhtkäis]

Kohle coal [kaul]

kommen to come [kam]

Kompass compass ['kampas]

WÖRTERBUCH

Komplimente Compliments ['kamplamänts]
> 13

Kondom condom ['kondam]

Konfession denomination [di‚nomi'näischn]

können to be able to ['äibl tu]

Konsulat consulate ['konsjulit]

Kontakt contact ['kontäkt]

kontrollieren (nachprüfen) to check [tschäk]

Konzert concert ['konsat] > 82 f.

Körper body ['bodi] > 90 ff.

kosten to cost [kost]

krank ill, sick [il, sik] > 90 ff.

Krankenhaus hospital ['hospitl] > 93 ff.

Krankenwagen ambulance ['ämbjulans]

Krankheit illness ['ilnis] > 90 ff.

Kreditkarte credit card ['krädit kahd] > 54, 97 f.

Krieg war [woh]

kritisieren to criticize ['kritisais]

Küche kitchen ['kitschin]

kühl cool [kuhl]

Kultur culture ['kaltscha] > 78 ff.

Kummer (Trauer) grief [grihf]; (Ärger) problems ['problams]

kümmern, s. ~ um to look after s. o./s. th. [‚luk 'ahfta], to take care of s. o./s. th. [täik 'kear aw]

Kurs course [kohs] > 89; (Wechselkurs) exchange rate [iks'tschäindsch räit] > 97 f.

Kurve bend [bänd]

kurz short [schoht]

kürzlich recently ['rihsntli]

Kuss kiss [kis]

küssen to kiss [kis]

Küste coast [kaust]

L

lachen to laugh [lahf]

Laden shop [schop], (Am) store [stoh]

Lage situation [‚sitju'äischn]; (eines Ortes) position [pa'sischn]

Land country ['kantri]; (Gegensatz zu Wasser) land [länd]

Landkarte map [mäp]

Landschaft scenery ['sihnari], countryside ['kantrisaid]

lang long [long]

Länge length [längθ]

langsam slow(ly) ['slau(li)]

langweilig boring ['bohring]

Lärm noise [nois]

lassen to let [lät]

lästig annoying [a'noiing]

Lastwagen lorry ['lori], (Am) truck [trak]

laufen (rennen) to run [ran]; (gehen) to go [gau]

laut loud [laud]; (Lärm) noisy ['noisi]

Lautsprecher loudspeaker [‚laud'spihka]

Leben life [laif]

leben to live [liw] (pl) lives [laiws]

Lebensmittel food [fuhd] > 41 ff., 56, 64

ledig single ['singl]

leer empty ['ämpti]

legen to put [put], to set [sät]

leicht easy ['ihsi]; (geringfügig) slight [slait]; (Gewicht) light [lait]

leider unfortunately [an'fohtschnitli]

leihen (jdm) to lend [länd]; (von jdm) to borrow ['borau], to hire ['haia] > 29, 84

leise quiet ['kwaiat]

Leiter, der ~ head [häd], boss [bos], manager ['mänidscha]

lesen to read [rihd]

letzte(r, -s) last [lahst]

Leute people ['pihpl]

Licht light [lait]

lieb nice [nais]

lieben to love [law]

liebenswürdig kind [kaind]

lieber (adv) rather ['rahθa]; favourite ['fäiwrit]

Lied song [song]

liegen to lie [lai]

links on the left, to the left [läft]

Loch hole [haul]

Löffel spoon [spuhn]

Lohn wages ['wäidschis]; (Belohnung) reward [ri'wohd]

Lokal (Gaststätte) restaurant ['rästarohng] > 36 ff.; (Kneipe) pub [pab] > 82

löschen to extinguish [iks'tingwisch], to put out ['put 'aut]

Luft air [ea]

Lüge lie [lai]

lustig merry ['märi]; (erheiternd) funny ['fani]

M

machen to do [duh]; (herstellen) to make [mäik]

Mädchen girl [göhl]

Mahlzeit meal [mihl]

Mal time [taim]; einmal once [wans]; zweimal twice [twais]; jedesmal every time ['äwri 'taim]

man one [wan]
manchmal sometimes ['samtaims]
Mangel (Fehlen) lack [läk], shortage
['schohtidsch]; (Fehler) fault [fohlt]
Mann man [män], (pl) men [män]; (Ehemann)
husband ['hasbənd]
männlich male [mäil]
Markt market ['mahkit]
Maschine machine [mə'schihn]
Medikament medicine ['mädsn] ➤57 f.
Meer sea [sih]
mehr more [moh]
mein my [mai]
meinen to think [θink]
Meinung opinion [ə'pinjən], view [wjuh]
Mensch person ['pöhsn]
merken, s. etw ~ to remember s. th.
[ri'mämbə]
Messe (rel) mass [más]; (Ausstellung) fair
[fää], exhibition [,äksi'bischn]
Messer knife [naif]
mich me [mih]
Miete rent [ränt] ➤74
mieten to rent [ränt], to hire [haiə]
Mietwagen rental cars [räntəl 'kahs] ➤7 f., 29
mindestens at least [ət 'lihst]
minus minus ['mainəs]
Minute minute ['minit]
mir me [mih], to me
misstrauen to distrust [dis'trast]
missverstehen to misunderstand
[,misandə'ständ]
mit with [wiθ]
mitbringen to bring [bring]
mitnehmen to take [taik]
Mittag noon [nuhn]
Mittagessen lunch [lantsch] ➤36 ff.
Mitte middle ['midl]
mitteilen to inform [in'fohm]
Mittel (Heilmittel) remedy ['rämidi], medicine
['mädsn] ➤57 f.
Möbel furniture ['föhnitschə]
Mode fashion ['fäschn] ➤62 f.
modern modern ['modn]
mögen (gern haben) to like [laik]; (wünschen)
to want [wont]
möglich possible ['posəbl]
Moment moment ['məumənt]
Monat month [manθ] ➤18
Mond moon [muhn]
morgen tomorrow [tə'morəu]
morgens in the morning [in θə 'mohning]

Motor motor, engine ['mautə, 'ändschin]
Motorrad motorbike ['mautəbaik] ➤23 ff.
Mücke gnat [nät], midge [midsch]
müde tired ['taiəd]
Mühe trouble ['trabl], effort ['äfət]
Müll rubbish ['rabisch] (Am garbage
['gahbidsch])
Münze coin [koin] ➤97 f.
Museum museum [mjuh'siəm] ➤79 f.
Musik music ['mjuhsik]
müssen to have to ['häw tu]
Mutter mother ['maθə]

nach after ['ahftə]; (nach London) to London
[tu 'landən]
Nachbar/in neighbour ['näibə]
nachher afterwards ['ahftəwads]
nachmittags in the afternoon [in θi ,ahftə'nuhn]
Nachricht message ['mäsidsch]
Nachrichten news [njuhs]
nachsehen to have a look [häw ə 'luk], to
check [tschäk]
nächste next [näkst]
Nacht night [nait]
nackt naked ['näikid], nude [njuhd]
nahe near [niə], close [kləus]
Nahverkehr local transport ['ləukəl 'tränspoht]
➤34 f.
Name name [näim]
nass wet [wät]
Nation nation ['näischn]
Natur nature ['näitschə]
natürlich (adv) of course [əw 'kohs]
neben next to [näkst tu], beside [bi'said]
Neffe nephew ['näwjuh]
nehmen to take [taik]
nennen to name [näim], to call [kohl]
nervös nervous ['nöhwəs]
nett nice [nais]
neu new [njuh]
neugierig curious ['kjuəriəs]
Neuigkeit news [njuhs]
nicht not [not]
Nichte niece [nihs]
nichts nothing ['naθing]
nie never ['näwə]
nieder, niedrig low [ləu]
niemand nobody ['nəubədi]
nirgends nowhere ['nəuwää]
noch still [stil]

➤ *www.marcopolo.de/englisch*

WÖRTERBUCH

Norden north [nohß]

Nordirland Northern Ireland ['nohßn 'aialand]

Nordsee, die North Sea ['nohß 'sih]

normal normal ['nohml]

Notausgang emergency exit [i'möhdschansi 'äksit] > 30

Notbremse emergency brake [i'möhdschansi 'bräik] > 32

nötig necessary ['näsisri]

Notrufsäule emergency telephone [i'möhdschansi 'tälifaun] > 27

Nummer number [n'nambа]

nun now [nau]

nur only ['aunli]

O

ob whether ['wäßa]

oben up [ap]

Ober (Anrede) waiter ['wäita]

Obst fruit [fruht] > 42, 51

oder or [oh]

Ofen stove [stauw]

offen open ['aupn]

öffentlich public ['pablik]

öffnen to open ['aupn]

Öffnungszeiten opening hours ['aupning auas], hours of business ['auas aw 'bisnis] > 55

oft often ['ofn]

ohne without [wi'ßaut]

ohnmächtig unconscious [an'konschas]

Öl oil [oil]

Onkel uncle ['ankl]

Optiker optician's [op'tischans] > 56, 65

Organe, innere organs ['ohgans] > 93 ff.

Ort place [pläis], (Stelle) spot [spot]

Osten east [ihst]

Österreich Austria ['ohstria]

Österreicher/in Austrian ['ohstrian]

Ozean ocean ['auschn]

P

Paar, ein ~ a pair of [a 'päar aw]; ein paar a few [fjuh] (Ehepaar) couple ['kapl]

Päckchen package ['päkidsch]

packen to pack [päk]

Paket parcel ['pahsl]

Panne breakdown ['bräikdaun] > 24

Papiere papers ['päipas], documents ['dokjumants]

Park park [pahk]

parken to park [pahk] > 24

Pass passport ['pahspoht]; (Gebirge) pass [pahs]

Passagier passenger ['päsindscha]

passieren to happen ['häpn]

Passkontrolle passport control ['pahspoht kan'traul] > 22 f.

Pension guest house ['gästhaus] > 8 f., 68 ff.; (Halb-/Voll~) half/full board ['hahf/ ful 'bohd]

Person person ['pöhsn]

Personal staff [stahf]

Personalausweis identity card [ai'däntiti kahd]

Personalien particulars [pa'tikjulas]

Pfand deposit [di'posit], security [si'kjuariti]

Pflanze plant [plahnt]

Pflicht duty ['djuhti]

Platz place [pläis]; (Stadt) square [skwea]; (Sitz~) seat [siht]

plötzlich suddenly ['sadnli]

plus plus [plas]

Politik politics ['politiks]

Polizei police [pa'lihs] > 101 ff.

Postamt post office ['paust ofis] > 103

Preis (Kosten) price [prais]; (Gewinn) prize [prais]

Priester priest [prihst]

pro per [pöh]

Programm programme ['praugräm] > 78 ff.

Promille alcohol level ['älkahol äwl]

Prozent percent [pa'sänt]

prüfen to examine [ig'sämin]

pünktlich (adj) punctual ['panktjual]; (adv) on time [on 'taim]

putzen to clean [klihn]

Q

Qualität quality ['kwoliti]

Quelle source [sohs]; (Wasser) spring [spring]

quittieren to give a receipt [giw a ri'siht]

R

Rabatt discount ['diskaunt]

Rad fahren to cycle ['saikl] > 23 ff.

Radio radio ['räidiau]

Rand edge [ädsch], brink [brink]

rasch (adj) quick [kwik]; (adv) quickly ['kwikli]

Rasen lawn [lohn], grass [grahs]

Raststätte services ['söhwisis]

raten (Tip) to advise [ad'wais]

Rathaus town hall (Am city hall) [ˈtaun ˈhohl, ˈsiti ˈhohl]

rauchen to smoke [smauk]

Raucher smoker [ˈsmauka]

Raum space [späis]; (Räumlichkeit) room [ruhm]

rechnen to work out [ˈwöhk ˈaut], to calculate [ˈkälkjuläit]

Rechnung bill [bil]

Recht (Anspruch) right [rait]

Recht haben to be right

rechts on the right, to the right [rait]

rechtzeitig (adv) in time [in ˈtaim]

reden to talk [tohk]

regeln to settle [ˈsätl]

Regierung government [ˈgawnmant]

regnen to rain [räin]

reich rich [ritsch]

Reihe row [rau]

reinigen to clean [kliihn]

Reise journey [ˈdschöhni]; (Schiffsreise) voyage [ˈwoiidsch]

Reisebüro travel agency [ˈtrawl ˈäidschansi]

Reiseführer guide [ˈgaid]

reisen to travel [ˈträwl]

Reisepass passport [ˈpahspoht] ➤ 22, 102

Reiseroute route [ruht]

Reisescheck traveller's cheque [ˈträwlas ˈtschäk] ➤ 97 f.

reklamieren to complain [kamˈpläin] ➤ 38, 70

Reparatur repair [riˈpää]

Reservierung reservation [ˌräsaˈwäischn] ➤ 6 ff., 36, 69

Rest rest [räst]

Restaurant restaurant [ˈrästarohng] ➤ 36 ff.

retten to save [säiw]

Rettungsboot lifeboat [ˈlaifbaut]

Rezeption reception [riˈsäpschn] ➤ 69 f.

richtig right [rait]; (geeignet) proper [ˈpropa]

Richtung direction [diˈräkschn]

riechen to smell [smäl]

Risiko risk [risk]

rot red [räd]

Route route [ruht]

Rückkehr return [riˈtöhn]

rufen to call [kohl]

Ruhe rest [räst]; (seelisch) calm [kahm]; (Stille) silence [ˈsailans]

ruhig silent [ˈsailant], quiet [ˈkwaiat], calm [kahm]

rund round [raund]

■ S

Saal room [ruhm]; (größerer) hall [hohl]

Sache thing [θing]; (Angelegenheit) matter [ˈmäta]

sagen to say [säi]; (mitteilen) to tell [täl]

Saison season [ˈsihsn]

sammeln to collect [kaˈläkt]

satt full [ful]

Satz sentence [ˈsäntans]

sauber clean [kliihn]

schade, es ist ~ it's a pity [ˈpiti]

schaden to harm [hahm], to damage [ˈdämidsch]

Schadenersatz compensation [ˌkompänˈsäischn], damages [ˈdämidschis]

schädlich harmful [ˈhahmful]

Schalter (Bank, Post ...) counter [ˈkaunta]; (Fahrkarten~) ticket-office [ˈtikit ˈofis]; (el) switch [switsch]

schauen to look [luk]

Scheck cheque (Am check) [tschäk] ➤ 97 f.

schenken to give as a present [ˈgiw as a ˈpräsnt]

Scherz joke [dschauk]

schicken to send [sand]

Schiff ship [schip] ➤ 33 f.

Schild sign [sain]

schimpfen (fluchen) to swear; (sich beklagen) to complain [kamˈpläin]

Schirm umbrella [amˈbräla]

schlafen to sleep [slihp]

schlank slim [slim], slender [ˈslända]

schlecht (adj) bad [bäd]; (adv) badly [ˈbadli]

schließen to shut [schat], to close [klaus]

Schloss castle [ˈkahsl]; (Tür) lock [lok]

Schlüssel key [kih]

schmerzen to hurt [höht]

Schmuck jewellery [ˈdschuhalri] ➤ 56, 65

schmuggeln to smuggle [ˈsmagl]

Schmutz dirt [döht]; (Schlamm) mud [mad]

schmutzig dirty [ˈdöhti]

schneiden to cut [kat]

schneien to snow [snau]

schnell (adj) quick [kwik], fast [fahst]

Schnellimbiss snack-bar [ˈsnäkbah]

schon already [ohlˈrädi]

schön beautiful [ˈbjuhtafl]

Schotte Scotsman [ˈskotsman]

Schottin Scotswoman [ˈskots wuman]

Schottland Scotland [ˈskotland]

schrecklich terrible [ˈtärabl], awful [ˈohful]

schreiben to write [rait]

WÖRTERBUCH

Schreibwaren stationer's [ˈstäischnas] ➤56, 67

schreien to shout [schaut]; (schrill) to scream [skrihm]

Schrift (Hand~) (hand)writing [(ˈhänd)ˌraiting]

schriftlich in writing [in ˈraiting]

schüchtern shy [schai]

Schuh shoe [schuh] ➤66

Schuld guilt [gilt]; (Geld) debt [dät]

schulden to owe [au]

Schuss shot [schot]

Schutz protection [praˈtäkschn]

schwach weak [wihk], feeble [ˈfihbl]

Schwager brother-in-law [ˈbraθarinloh]

Schwägerin sister-in-law [sistarinloh]

schwanger pregnant [ˈprägnant]

schwarz black [bläk]

schweigen to be silent [ˈsailant]

Schweiz Switzerland [ˈswitsaland]

Schweizer/in Swiss(man/woman) [ˈswis(ˈmän/ˈwuman)]

schwer heavy [ˈhäwi]; (Krankheit) serious [ˈsiarias]; (schwierig) difficult [ˈdifikalt]

Schwester sister [ˈsista]; (Kranken~) nurse [nöhs]

schwierig difficult [ˈdifikalt]

Schwimmbad swimmingpool [ˈswimingpuhl] ➤84f.

schwimmen to swim [ˈswim] ➤84f.

schwindlig dizzy [ˈdisi], giddy [ˈgidi]

schwitzen to perspire [pasˈpaia], to sweat [swät]

See (Meer) sea [sih]; **der See** lake [läik]

sehen to see [sih]

Sehenswürdigkeiten sights [saits] ➤79ff.

sehr very [ˈwäri]; (bei Verb) very much [ˈwäri ˈmatsch]

sein (poss prn) m his [his]; n its [its]

seit (Zeitpunkt) since [sins]; (Zeitraum) for [foh]

Seite side [said]; (Buch) page [päidsch]

Sekunde second [ˈsäknd]

Selbstbedienungsladen self-service shop [ˌsälfˈsöhwis schop]

selten (adj) rare [räa]; (adv) seldom [ˈsäldam]

senden to send [sänd]; (Radio, Fernsehen) to broadcast [ˈbrohdkahst]

Sendung (Radio, Fernsehen) programme [ˈpraugräm]

servieren to serve [söhw]

setzen, s. ~ to sit down [ˈsit ˈdaun]

Sex sex [säks]

sicher safe [säif]; (gewiss) sure [schua]

Sicherheit safety [ˈsäifti]; (Garantie) security [siˈkjuarti]

Sicherung (el) fuse [fjuhs]

Sicht (Sehweite) visibility [ˌwisiˈbiläti]; (Aussicht) view [wjuh]

sichtbar visible [ˈwisabl]

sie (sing) she [schih]; **Sie** you [juh] (pl) they [θäi]

singen to sing [sing]

sitzen to sit [sit]

Smalltalk small talk [smohl tohk] ➤14f.

so so [sau], thus [θas]

sofort at once [at ˈwans], immediately [iˈmihdjatli]

sogar even [ihwn]

Sohn son [san]

sollen (müssen) to have to [ˈhäw tu]

Sonne sun [san]

Sonnenbrille sunglasses [ˈsanglahsis], (Am) shades [schäids]

sonnig sunny [ˈsani]

sorgen, s. ~ um to be worried about [ˈwarid aˈbaut]

Sorte sort [soht], kind [kaind]; (Zigaretten) brand [bränd]

Souvenirs souvenirs [suhwanias] ➤66f.

Spaß (Scherz) joke [dschauk]; (Gaudi) fun [fan]

spät late [läit]

später later [ˈläita]

spazieren gehen to go for a walk [ˈgau far a ˈwohk]

Speisekarte menu [ˈmänjuh] ➤46ff.

spielen to play [pläi]

Spielzeug toy [toi]

Sport sport [spoht] ➤15, 84ff.

Sprache language [ˈlängwidsch]

sprechen to speak [spilik]

Staat state [stäit]

Staatsangehörigkeit nationality [ˌnäschaˈnäliti]

Stadt town [taun]

Stadtplan town map [ˈtaun ˈmäp] ➤67, 78

Stadtrundfahrt sightseeing tour of the town/city [ˈsaitˌsihingˈtuar aw θa ˈtaun/ˈsiti] ➤78ff.

stammen to come from [ˈkam from]

statt instead of [inˈstäd aw]

stattfinden to take place [ˈtäik ˈpläis]

stechen to sting [sting]

stehen to stand [ständ]

stehen bleiben to stop [stop]

stehlen to steal [stihl]

steigen to climb [klaim]

steil steep [stihp]

Stein stone [staun]

Stelle (Ort) spot [spot], place [pläis]

stellen to put [put]

Stellung position [pa'sischn]

sterben to die [dai]

Stern star [stah]

Stil style [stail]

still (ruhig) quiet ['kwaiət], silent ['sailənt]; (unbewegt) still [stil], calm [kahm]

Stimme voice [wois]; (Votum) vote [waut]

Stockwerk floor [floh]

Stoff material [ma'tiariəl]

stören to disturb [dis'töhb], to bother ['boðə]

stornieren to cancel ['känsl]

Störung disturbance [dis'töhbəns]; (Unterbrechung) interruption [‚intə'rapschn]

stoßen to push [pusch]

Strafe punishment ['panischmənt]; (Geldstrafe) fine [fain]

Strand beach [bihtsch] ≥ 84 ff.

Straße street, road [striht, rəud]

Straßenkarte road map ['rəud mäp]

Strauß (Blumen) bunch of flowers ['bantsch aw 'flauəs]

Strecke distance ['distns]; (Bahn) line [lain]; (Straße) road [rəud], route [ruht]

Strom (Fluss) river ['riwə]; (el) current ['karnt]

Stück piece [pihs]; (Theaterstück) play [plai]

studieren to study ['stadi]

Stuhl chair [tschäə]

Stunde hour [auə]

suchen to look for ['luk foh]

Süden south [sauθ]

Summe sum [sam]; (Betrag) amount [ə'maunt]

Supermarkt supermarket ['suhpə‚mahkit] ≥ 56

T

Tabak tobacco [tə'bäkəu]

Tag day [dai]

Tankstelle petrol station, filling (Am gas) station ['pätrl 'stäischn, 'filing/gäs 'stäischn] ≥ 23

Tante aunt [ahnt]

tanzen to dance [dahns] ≥ 82

Tätigkeit activity [äk'tiwiti]; (Beruf) job [dschob], work [wöhk]

tauschen to exchange [iks'tschäindsch], to swap [swop]; (Geld) to change [tschäindsch] ≥ 97 f.

---

täuschen, s. ~ to be mistaken [mis'täikn], to be wrong [rong]

Taxi taxi ['täksi], (Am) cab [käb] ≥ 35

Teil part [paht]

teilnehmen (an) to take part (in) ['täik 'paht [in]]

Telefon telephone ['tälifəun] ≥ 104 f.

telefonieren to make a phone call [maik ə 'faunkohl]; to phone [fəun], to ring (up) ['rin('ap]) ≥ 104 f.

Temperatur temperature ['tämpritschə] ≥ 19

Termin appointment [ə'pointmənt]; (Frist) deadline ['dädlain]

teuer dear [diə], expensive [iks'pänsiw]

Theater theatre ['θiatə] ≥ 82 f.

tief deep [dihp]; (niedrig) low [ləu]

Tier animal ['animl]

Tisch table ['taibl]

Tochter daughter ['dohtə]

Tod death [däθ]

Toilette lavatory, toilet ['läwatri, 'toilit] ≥ 37, 72, 105

Ton sound [saund]; (Umgangston) tone [təun]; (Farbe) shade [schäid]

Topf pot [pot]

Töpferei pottery ['potari]

tot dead [däd]

tragen to carry ['käri]; (Kleidung) to wear [wää]

träumen to dream [drihm]

traurig sad [säd]

treffen to meet [miht]

Treppe stairs [stääs], staircase ['stääkäis]; (im Freien) steps [stäps]

treu loyal ['loil], faithful ['faiθful]

trinken to drink [drink] ≥ 38, 44, 51 f.

Trinkgeld tip [tip]

Trinkwasser drinking-water ['drinking‚wohtə]

trotzdem nevertheless [‚näwəðə'läs]

tschüss cheerio [‚tschiəri'əu], 'bye [bai]

tun to do [duh]

Tunnel tunnel ['tanl]

Tür door [doh]

typisch typical ['tipikl]

U

U-Bahn underground ['andəgraund] ≥ 34 f.

Übelkeit nausea ['nohsjə]

über over ['auwə]

überall everywhere ['äwriwää]

überfallen to attack [a'täk], to assault [a'sohlt], (auf der Straße) to mug [mag]

überholen to overtake [ˌauwa'taik]

übernachten to stay [stäi], (eine Nacht) spend the night ['spänd ða 'nait] ➤ 6 ff., 68 ff.

überqueren to cross [kros]

überrascht surprised [sa'praisd]

Übersee overseas [ˌauwa'sihs]

übersetzen to translate [träns'läit]

überweisen to transfer [träns'föh]

Ufer (Fluss) bank [bänk]; (Meer) shore [schoh]

Uhr (Armbanduhr) watch [wotsch]; (Wanduhr) clock [klok]

Uhrzeit time [taim] ➤ 16

um (herum) around [a'raund]; (Zeitangabe) at [ät], (gegen) about [a'baut]

umarmen to hug [hag], to embrace [im'bräis]

umbuchen to change the booking [tschäindsch ða 'buking] ➤ 29, 31

Umleitung diversion [dai'wöhschn]

umsonst (gratis) free (of charge) ['frih (aw 'tschahdsch)]; (vergeblich) in vain [in 'wäin]

umsteigen to change [tschäinsch]

umtauschen to change [tschäinsch]

Umwelt environment [in'waiarnmant]

umziehen to move [muhw]; s. ~ to change [tschäinsch]

unbedingt (adv) really ['riäli]; unbedingt! certainly! ['söhtnli]

unbekannt unknown [ˌan'naun]

und and [änd]

Unfall accident ['äksidant] ➤ 25 f.

unfreundlich unkind [an'kaind], unfriendly [ˌan'frändli]

ungefähr about [a'baut]

ungern reluctantly [ri'laktantli]

ungesund unhealthy [an'hälθi]

ungewiss uncertain [an'söhtn]

Unglück (Unfall) accident ['äksidant]; (Unheil) misfortune [mis'fohtschan]

unglücklich (traurig) unhappy [an'häpi]; (Pech gehabt) unlucky [an'laki]

ungültig invalid [in'wälid]

unhöflich impolite [ˌimpa'lait]

Unkosten expenses [iks'pänsis]

unmöglich impossible [im'posabl]

unruhig restless ['rästlis]

uns us [as]

unschuldig innocent ['inasnt]

unser, e our [aua]

unter under ['anda]; (zwischen) among [a'mang]; (unterhalb) below [bi'lau]

unterbrechen to interrupt [ˌinta'rapt]

Unterführung subway ['sabwäi]

Unterhaltung (Vergnügen) entertainment [ˌänta'täinmant] ➤ 82 f.

Unterkunft accommodation [aˌkoma'däischn] ➤ 68 ff.

Unterschied difference ['difrans]

Unterschrift signature ['signitscha]

Untersuchung examination [igˌsämi'näischn] ➤ 92 f.

unterwegs on the way [on ða 'wäi] ➤ 20 ff.

unverschämt impertinent [im'pöhtinant], cheeky ['tschihki]

unwohl unwell [ˌan'wäl]

Urlaub holidays ['holadis], (Am) vacation [wa'käischn]

Ursache cause [kohs]; (Grund) reason ['rihsn]

urteilen to judge [dschadsch]

Vater father ['fahða]

Verabredung (formell) appointment [a'pointmant]; (fam) date [däit] ➤ 15

verabschieden, s. ~ to say goodbye [säi ˌgud'bai] ➤ 12

verändern to change [tschäinsch]

Veranstaltung event [i'wänt] ➤ 83

Veranstaltungskalender calendar of events ['kälindar aw i'wänts]

verbieten to forbid [fa'bid]

verbinden (med) to dress [dräs]

Verbindung line [lain]

verboten! forbidden [fa'bidn], prohibited! [pra'hibitid]

verdorben spoiled ['spoilt]; (faul) rotten ['rotn]; (sittlich) corrupt [ka'rapt]

vereinbaren to agree on [a'grih on]

Verfassung (Staats~) constitution [ˌkonsti'tjulschn]; (Zustand) state [stäit]

Vergangenheit past [pahst]

vergessen to forget [fa'gät]

Vergewaltigung rape [räip] ➤ 102

Vergiftung poisoning ['poisning]

Vergnügen pleasure ['pläscha]

verheiratet (mit) married ['märid] (to)

Verhütungsmittel contraceptive [ˌkontra'säptiw]

verirren, s. ~ to lose one's way ['luhs wans 'wäi], to get lost [gät 'lost]

Verkauf sale [säil]

Verkehr traffic ['träfik]

Verkehrsbüro tourist information office ['tuarist ˌinfə'mäischn ˌofis]

verlängern to extend [ik'ständ]

verlieren to lose [luhs] ➤99f., 101f.

verloben, s. ~ mit to get engaged to [in'gäidschd]

Verlobte, der/die fiancé/fiancée [fi'ahnsäi]

Verlust loss [los]

vermieten to let, to rent [lät, ränt] ➤6ff., 29, 74

versäumen (verpassen) to miss [mis]

verschieben (zeitlich) to put off ['put 'of], to postpone [ˌpaus'paun]

verschieden different ['difrant]

verschreiben to prescribe [pris'kraib] ➤92

Versehen, aus ~ by mistake [bai mis'täik]

Versicherung insurance [in'schuarns]

verspäten, s. ~ to be late [läit]

Versprechen promise ['promis]

verständigen, jdn to inform s. o. [in'fohm]

Verständigungsschwierigkeiten ➤Umschlag-klappe

verstehen to understand [ˌandə'ständ]

versuchen to try [trai]; (Speisen) to taste [täist]

Vertrag contract ['konträkt]

verunglücken to have an accident ['äksidant]

verwandt related [ri'läitid]

verwechseln to mistake for [mis'täik foh]

Verzeichnis list [list], directory [di'räktari]

verzeihen to forgive [fə'giw]

verzollen to pay duty on [päi 'djuhti on]

viel a lot of [a 'lot aw]; (Frage, Verneinung) much [matsch]

vielleicht perhaps [pə'häps], maybe ['mäibih]

Visum visa ['wihsa] ➤22

Volk people ['pihpl]

voll full [ful]; (überfüllt) crowded ['kraudid]

Vollpension full board ['ful ˌbohd] ➤70

von (Herkunft) from [from]; (Eigenschaft) of [ow]; (Passiv) by [bai]

vor (räumlich) in front of [in 'frant aw]; (zeitlich) before [bi'foh]

Voranmeldung booking ['buking]

Voraus, im ~ in advance [in ad'wahns]

vorbei past [pahst], over ['auwa]

vorher before [bi'foh]

vormittags during the morning ['djuaring ðə 'mohning]

Vorname Christian name, first name ['kristjan näim, 'föhst näim]

Vorort, Vorstadt suburb ['saböhb]

Vorsaison low season ['lau ˌsihsn]

Vorschrift rule [ruhl]

Vorsicht caution ['kohschn]; **Vorsicht!** look out! ['luk 'aut]

Vorstellung (Person) introduction [ˌintrə'dakschn] ➤11; (Theater) performance [pə'fohmans] ➤82f.

Vorverkauf advance booking [ad'wahns 'buking]

Vorwahlnummer national code (Am area code) ['näschnl 'kaud, 'eariə 'kaud]

vorziehen to prefer [pri'föh]

◾ W

wach awake [ə'wäik]

wählen to choose [tschuhs]; (Politik) to vote [waut]; (tele) to dial ['daial]

wahr true [truh]

während (prp) during ['djuaring]; (conj) while [wail]

wahrscheinlich (adj) probable ['probabl]; (adv) probably ['probabli]

Währung currency ['karansi] ➤97f.

Wald woods, forest [wuds, 'forist]

Wales Wales [wails]

Waliser/in Welshman/Welshwoman ['wälschman/ walsch ˌwuman]

Wanderkarte map of walks [mäp ow wohks]

wandern to hike [haik], to ramble ['rämbl]

warm warm [wohm]

warnen (vor) to warn (of/about) ['wohn aw/ə'baut]

warten (auf) to wait (for) [wäit]

Wartesaal waitingroom ['waitingrum]

Wartezimmer waiting room ['waitingrum]

was what [wot]

waschen to wash [wosch]

Wasser water ['wohta]

wechseln (Geld) to change [tschäinsch] ➤97f.

wecken to wake [wäik]

weg away [ə'wäi]; gone [gon]

Weg way [wäi]; (Pfad) path [pahθ]

wegen because of [bi'kos aw]

weggehen to go away ['gau ə'wäi], to leave [lihw]

Wegweiser sign [sain]

wehtun to hurt, to be painful [höht, 'päinful] ➤92ff.

weiblich female ['fihmäil]; (fraulich) feminine ['fäminin]

weich soft [soft]

weigern, s. ~ to refuse [ri'fjuhs]

weil because [bi'kos], since [sins]

weinen to cry [krai]

weiß white [wait]

weit (Weg) long [long]; (entfernt) far [fah]

Welt world [wohld]

wenig little ['littl], few [fjuh]

weniger less ['läs]

wenn (Bedingung) if [if]; (zeitlich) when [wän]

werden to become [bi'kam]

Werkstatt (Auto-) garage ['gärahdsch] ➤ 21 f., 24

werktags on weekdays ['wihkdäis]

Wert value ['wäljuh]

Westen west ['wäst]

Wetter weather ['wäθə] ➤ 19

wichtig important [im'potnt]

wie (Frage) how [hau]; (Vergleich) like [laik]

wieder again [ə'gän]

wiederholen to repeat [ri'piht]

wiederkommen to come back ['kam 'bäk], to return [ri'töhn]

wiedersehen to see again ['sih ə'gän], to meet again ['miht ə'gän]

wiegen to weigh [wäi]

willkommen welcome ['wälkam]

wir we [wih]

Wirt landlord ['länlohd]

Wirtin landlady ['län,läidi]

Woche week [wihk] ➤ 18

wohnen to live [liw], to stay [stäi]

Wohnort, Wohnsitz (place of) residence [(pläis əw) 'räsidəns]

Wohnung flat [flät], (Am) apartment [ə'pahtmənt]; möblierte ~ furnished flat ['föhnischt 'flät]

wollen (wünschen) to want [wont], to wish [wisch]

Wort word [wöhd]

wünschen to want [wont]; to wish for [wisch]

Wurst sausage ['sosidsch] ➤ 45

wütend furious ['fjuariəs]

Z

Zahl number ['nambə] figure ['figə]

zahlen to pay [päi]

Zahlung payment ['päimənt]

Zahnarzt dentist ['däntist] ➤ 92

zeigen to show [schau]

Zeit time [taim] ➤ 16 f.

Zeitschrift magazine [,mägə'sihn]

Zeitung newspaper ['njuhs,päipə]

Zentrum centre ['säntə], (Am) center ['säntə]

zerstören to destroy [dis'troi]

Zeuge witness ['witnis]

ziehen to pull [pul]; (Zahn) to take out, to extract ['täik 'aut, iks'träkt]

Ziel (Reise-) destination [,dästi'näischn]

Zigarette cigarette [,siga'rät]

Zimmer room [ruhm] ➤ 6 ff., 68 ff.

Zoll (Amt) customs ['kastəms] ➤ 22 f.; (Gebühr) duty ['djuhti]

zornig angry ['ängri]

zu (Richtung) to [tuh]; (mit adj) too [tuh]

zufrieden satisfied ['sätisfaid]

Zug train [träin] ➤ 31 f.

zumachen to close [klaus], to shut [schat]

zurück back [bäk]

zusammen together [tə'gäθə]

zusätzlich (adj) additional [ə'dischənl]; (adv) in addition [in ə'dischn]

zuschauen to watch [wotsch]

Zuschlag supplement ['saplimənt]

zuschließen to lock (up) [lok ('ap)]

zuständig responsible [ri'sponsəbl]

zu viel too much ['tuh 'matsch]; zu viele too many ['tuh 'mäni]

zweifeln an etw to doubt s. th. [daut]

zwischen between [bi'twihn]; (zwischen mehreren) among [ə'mang]

IMPRESSUM

Titelbild: Stock Food: Tracey Kusiewicz
Fotos: Denis Pernath (S. 6/7, 10/11, 20/21, 54/55, 78/79, 90/91); Bildagentur Huber/R. Schmid (S. 36/37); Cortina Hotel, München (S. 68/69)
Illustrationen: Mascha Greune, München
Zeigebilder/Fotos: Lazi&Lazi; Food Collection; Comstock; stockbyte; Fisch-Informationszentrum e.V.; Fotolia/Christian Jung; Fotolia/ExQuisine; photos.com
Bildredaktion: Factor Product, München (S. 6/7, 10/11, 20/21, 36/37, 54/55, 68/69, 78/79, 90/91); red.sign, Stuttgart (S. 41–45)
Zeigebilder/Illustrationen: Factor Product, München; HGV Hanseatische Gesellschaft für Verlagsservice, München (S. 44/45, 56, 58/59, 63, 66, 73, 75)

1. Auflage 2009
© MAIRDUMONT GmbH & Co. KG, Ostfildern
© auf der Basis PONS Reisewörterbuch Englisch
© PONS GmbH, Stuttgart

Chefredaktion: Michaela Lienemann, MAIRDUMONT
Konzept und Projektleitung: Carolin Hauber, MAIRDUMONT

Bearbeitet von: Gordon Walker, Herrenberg
Redaktion: PONS GmbH, Stuttgart; MAIRDUMONT, Ostfildern; Barbara Pflüger, Stuttgart
Mitarbeit an diesem Werk: Jens Bey, MAIRDUMONT; Eva-Maria Hönemann, MAIRDUMONT
Satz: Fotosatz Kaufmann, Stuttgart

Kapitel Achtung! Slang:
Redaktion: MAIRDUMONT, Ostfildern; Bintang Buchservice GmbH, Berlin
Autoren: Andrew Lyons; Katharina Grimm, Berlin

Titelgestaltung: Factor Product, München
Innengestaltung: Zum goldenen Hirschen, Hamburg; red.sign, Stuttgart

> S. 136

ACHTUNG: SLANG!

MEHR ALS NUR SPRACHE

Wenn das Wörterbuch schlapp macht und Sie nur noch Bahnhof verstehen, dann handelt es sich um einen klaren Fall von: Achtung Slang! Aber keine Panik, auf den nächsten Seiten sind Sie mittendrin in der Sprache der Insider, die auf den Straßen, in den Clubs und Bars, Shops und Lounges gesprochen wird. Wir haben sie für Sie aufgespürt: die authentischen, die wichtigsten und witzigsten Slangausdrücke. Dabei gibt es jedoch auch Formulierungen, die Sie besser meiden sollten, denn manchmal ist Schweigen wirklich Gold. Ansonsten viel Spaß beim Erweitern Ihres Wortschatzes!

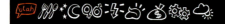

ALLTAG

■ BEGRÜSSUNG UND CO ■

Hi guys./Hi there. [hai gais/hai ðäa]   Hallo zusammen.
How's things?/What have you been up to?   Wie geht's?
  [haus 'ðings/wot_aw ju bin ap ta]
What's up? [wots_'ap]   Was geht/Was läuft?
Long time no see/Haven't seen you for yonks!   Lange nicht gesehen.
  [long taim no si/ˌhäwnt sin ju foh 'jonks]
I'm off/I'm outta here. [aim of/aim auta hia]   Ich muss los.
See you around. [si ju a'raund]   Bis dann./Wir sehn uns.
(Am) So long./Cheerio./Later(s). Tschüß.
  [sau long/'tschiriau/'läitas]

■ ANTWORTEN ■

yeah/yep/aye [jäh/jäp/ai]   ja
sure [schua]   klar
Cheers./Ta. [tschias/ta]   Danke.
No problem! [nau 'problam]   Gerne!
Dunno. [dun'nua]   Weiß nicht.
I haven't got a clue./(Am) Beats me.   Keine Ahnung.
  [ai häwnt got_a 'kluh/'bihts mih]
Whatever. [wot'äwa]   Mir egal.
I don't give a toss/a damn. [ai ˌdaunt giw_a 'tos/'däm] Das ist mir völlig schnuppe.
nope/nah [noup/nah]   nein/nö
I can't be bothered. [ai ˌkahnt bi_'baðad]   Ich hab keinen Bock.
No chance! ['nau tschäns]   Auf keinen Fall!
There's not a cat in hell's chance of me doing that!   Das mach ich auf gar keinen Fall!
  [ðäas not a kät in 'häls tschäns aw mih ˌduing ðät]
Soz! [sohs]   Tschuldigung!

ACHTUNG: SLANG!

■ ...UND AUFFORDERUNGEN ■

Hang on!/Hold your horses!
['häng_on/hauld joh 'hohsas]

Warte mal! (wörtl. halt deine Pferde)

Keep your hair on! [kihp yoh 'här_on]

Ruhig Blut! (wörtl: behalt dein Haar auf)

Come off it! [kam_'of it]

Mach mal halblang!

Get a move on! [gät ə 'muw_on]

Mach zu!/Beeil dich!

Get your bum into gear!
[gät joh 'ahs Intə ˌgiə]

Beweg deinen Hintern!

■ UNTER FREUNDEN... ■

to hang out/to chill with s. o.
[häng 'aut/tschill wiß samwan]

mit jdm abhängen

to be up for s. th. [bi ap foh samßing]

zu etwas Lust haben

to pop in/round/ drop by [pop 'in/'raund/drop 'bai]

vorbeischauen

to give s.o. a ring [giw samwan ə 'ring]

bei jdm durchklingeln

to text s. o. ['text samwan]

jdm simsen

to natter/chew the fat ['nätə/tschu ßə 'fät]

quatschen (wörtl. das Fett kauen)

to gossip ['gosip]

tratschen

to talk crap [tohk 'kräp]

Quatsch reden

to talk out of your bum [tohk aut aw johr_'ahs]

Schwachsinn erzählen

a cock and bull story [kok_ən 'bul stori]

Lügenmärchen (wörtl. Hahn- und Bullengeschichte)

to put your foot in it [put joh 'fut in]

ins Fettnäpchen treten

to get up s. o.'s nose [gät ap samwans 'naus]

jdm auf den Geist gehen

to get on s. o.'s tits [gät on samwans 'tits]

jdm auf den Senkel gehen

to piss s. o. off [pis samwan 'of]

jdm verärgern/wütend machen

to fall out with s. o. [fohl 'aut wiß samwan]

sich mit jdm verkrachen

a party pooper ['pahti ˌpupə]

Spielverderber

■ DAS GEFÄLLT... ■

It rocks!/(Am) That kicks ass! Kick ass!
[it roks/ßät kiks 'äs/kik äs]

Das geht ab!/Das rockt!/Klasse!

awesome/blinding/brill/fab
['ohsam/'blainding/bril/fäb]

großartig/fantastisch

to rave about s. th. ['räiw_abaut samßing]

von etwas schwärmen

(Brit) the dog's bollocks ['dogs ˌboloks]

die Krönung/die Crème

to be over the moon [auwa_ßə 'mun]

aus dem Häuschen sein (wörtl. über dem Mond sein)

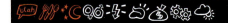

■ ...DAS LANGWEILT... ■

(Brit) **not much cop** [not matsch 'kop]   nichts Besonderes
bog standard ['bog ständad]   stinknormal
mind numbingly boring ['maind namingli 'boring]   stink-/saulangweilig
That's a bit of a bummer. [‚ðäts ə bit‚əw‿ə 'bamə]   Das ist ein ziemlicher Reinfall.

■ ...UND DAS NERVT ■

lame [läim]   uncool
That sucks! [ðät 'saks]   Das nervt!
garbage/rubbish ['gahbətsch/'rabisch]   Quatsch
bullshit/(Am) **B.S.** ['bulschit/bih_äs]   Schwachsinn
a kick in the balls/bollocks [kik in‿ðə 'bohls/'boloks]   herber Rückschlag

■ SCHLECHT DRAUF? ■

to be whacked/bushed/knackered/   fix und fertig/alle sein
    (Am) **beat** [wäkt/buscht/näkəd/biht]
to be under the weather [andə ðə 'waðə]   nicht ganz auf dem Damm sein
to hit the sack/hay [hit ðə 'säk/'häi]   sich aufs Ohr hauen
(Brit) **to be gutted** ['gatəd]   am Boden zerstört sein
to be in a huff [bi in‿ə 'haf]   beleidigt sein
(Am) **to be hacked off** [häkt 'of]   genervt sein
(Brit) **to be pissed off/**(Am) **to be pissed** [pist 'of/pist]   angepisst sein
to have the hump [häw ðə 'hamp]   eine Stinklaune haben
to lose one's rag [lus joh_'räg]   die Beherrschung verlieren
to hit the roof/blow a fuse [hit ðə 'ruf/blau‿ə 'fjus]   in die Luft/an die Decke gehen
to have the jitters [häw ðə 'dschitəs]   Bammel haben
to shit yourself ['schit johsälf]   vor Angst in die Hose machen
to lose your bottle [lus joh 'botl]   die Nerven verlieren

ESSEN

grub/nosh [grab/nosch]	Essen
brekkie ['bräki]	Frühstück
a sarnie Brit ['sahni]	Sandwich
(Brit) **a cuppa** ['capa]	Heißgetränk (meist Tee)
(Brit) **chippy** ['tschipi]	Fish & Chips-Imbiss
curry house ['köri haus]	indisches Restaurant
(Brit) **I'm feeling peckish** [Aim fihling 'päkisch]	Ich hab Lust auf was Leckeres.
I could eat a horse [Ai kud iht_a 'hohs]	Ich hab einen Bärenhunger. (wörtl. ich könnte ein Pferd essen)
I'm starving [Aim 'stahwing]	Ich sterbe vor Hunger.
(Brit) **to scoff s. th.**/(Am) **to scarf s. th. down** [skof/skahf sam@ing daun]	etwas verdrücken/ verschlingen
to stuff your face [staf joh fäis]	sich den Bauch vollschlagen
(Am) **to pig out on s. th.** [pig 'aut on sam@ing]	sich mit etwas vollstopfen
(Brit) **That food is moreish.** [@at fuhd_is 'mohrasch]	Das Essen ist superlecker.

AUSGEHEN

■DRINKS

booze [buhs]	alkoholische Getränke
(Brit) **a bevvy** ['bäwi]	alkoholisches Getränk
(Brit) **a pint/a half of lager** [paint/hahf aw lahga]	ein Pint/ein halbes Pint Lagerbier
shandy ['schändi]	Alster/Radler
lager dash/top [laga 'däsch/'top]	Radler mit nur wenig Limonade
lager and lime ['laga_n 'laim]	Lagerbier mit Limonensirup
bubbly ['babli]	Champagner (nicht Sekt!)
plonk [plonk]	Fusel
a short [schoht]	ein Kurzer
G 'n' T ['dschi_an_'ti]	Gin Tonic
Ice 'n' slice with that? ['ais_an_'slais wi@_@ät]	Mit Eis und Zitrone?
(Brit) **the offie/offy** ['ofi]	Wein- und Spirituosenhandlung

■IN DER BAR/KNEIPE

a boozer/the local ['buhsa/@a 'laukal]	Kneipe/die Stammkneipe
a pub crawl ['pab krohl]	Kneipentour
to have a swift one [häw_a 'swift wan]	ein schnelles Bier trinken

to down in one/to neck a drink	in einem Zug austrinken
[daun_in 'wan/näk_a drink]	
Down the hatch! [daun_θa 'hätsch]	Runter damit!
one for the road ['wan foh_θa 'raud]	eins für den Weg
(Am) **to cut up the floor/to hit the town**	Party machen/einen drauf
[kat ap θa floh/hit θa taun]	machen
to be off out [bi aw 'out]	auf Tour sein
to swing one's booty [swing wans buti]	das Tanzbein schwingen
to have a (good) rave up [häw a 'gud räiw_'ap]	abtanzen
an all nighter [an_ohl 'naita]	durchgemachte Nacht
bouncer ['baunsa]	Türsteher
packed/rammed/heaving [päkt/rämt/'hihwing]	brechend/gerammelt voll
tarted up [tahtad 'ap]	aufgedonnert
done up like a dog's dinner	aufgetakelt
[dan ,ap laik_a 'dogs dina]	

■ SPÄTER... ■

to be tipsy ['tipsi]	einen Kleinen sitzen haben
to be half cut/hammered/legless/	voll/total betrunken sein
['hahf kat/'hämad/'läglas]	
off your head/paralytic/plastered/	
['of joh häd/pärä'latik/'plästad]	
slaughtered/smashed ['slohtad/smäscht]	
a hangover ['nängauwa]	Kater
to feel a bit rough [fil a bit raf/anda θa wäθa]	verkatert sein
hair of the dog [,här_aw θa 'dog]	ein Schluck gegen den Kater (wörtl. Haar des Hundes)

■ RAUCHEN ■

cigs/ciggies/tabs [sigs/'sigihs/täbs]	Kippen/Fluppen
(Brit) **fags** [fägs]	Kippen [Vorsicht, (Am) Schwuchtel]
cancer sticks ['känsa stiks]	Sargnägel (Zigaretten)

MANN UND FRAU

■ LEUTE ■

bloke/guy/fella/geeza [blauk/gai/'fäla/'gihsa]	Typ
bugger [baga]	Kerl (abwertend)
chick/lass/(Am) **gal** [tschik/läs]	Mädel
bird/(Am) **broad** [böhd/brohd]	Tussi (Mädel)
teen/(Am) **teener** [tihn/'tihna]	Jugendlicher
nipper ['nipa]	Steppke/Stift
scamp/rascal [skämp/'räskal]	Schlingel/Frechdachs
hussy ['hasi]	Göre (freches Mädchen)
brat [brät]	Balg
grandpa/gramps ['grämpa/grämps]	Opi
granny/nana ['gräni/'nana]	Omi
my folks [mai fohks]	meine Familie

■ FLIRTEN UND MEHR ■

to fancy someone ['fänsi samwan]	auf jdn stehen
to chat s.o. up [tschät samwan 'ap]	jdn anquatschen/jdn anmachen
to snog [snog]	knutschen
to have butterflies in one's stomach [häw 'bataflais in wans stomak]	Schmetterling im Bauch haben
to be totally loved up [tautali lawt ap]	schwer verliebt sein
to date s. o./go out with s. o. ['däit samwan/gau_'aut wiß samwan]	mit jdm gehen/ mit jdm zusammensein
to go commando [gau ka'mändo]	keine Unterwäsche tragen
a hard on ['hahd_on]	eine Latte
(Am) **rubber/**(Brit) **johnny** ['raba/'dschoni]	Gummi/Präser
to pull/pick up s. o. [pul/pik 'ap samwan]	jdn abschleppen
to shag/screw/get laid [schäg/skru/gat läid]	vögeln
to lead s. o. on [ˌlid samwan 'on]	jdm falsche Hoffnungen machen
to stand s. o. up [ˌständ samwan 'ap]	jdn versetzen
to put on one's beer goggles [put on wans 'bia ˌgogls]	sich jdn schön trinken (wörtl. seine Bierbrille aufsetzen)
Out of sight, of of mind. [aut_aw 'sait, aut_aw ˌmaind]	Aus den Augen, aus dem Sinn.
to dump/to ditch s. o. [damp/ditsch samwan]	mit jdm Schluss machen
There's plenty more fish in the sea. [ðäas 'plänti moh ˌfisch_in_ða ˌsih]	Andere Mütter haben auch schöne Töchter/Söhne.
They've been an item for a while now. [ðäiw bihn an_'aitam fohr_a 'wail nau]	Sie sind schon lange zusammen.

hen night/stag night [ˈhän nait/ˈstäg nait] Junggesell(inn)en-Abschied
(wörtl. Hennen-/Hirschnacht)

to get hitched [gät ˈhitscht] heiraten
to be hen pecked/to be under the thumb ein Pantoffelheld sein/
[ˈhän päkt/anda_ Өa ˈtham] unterm Pantoffel stehen

SCHIMPFEN, LÄSTERN, FLUCHEN

■ STANDARDS ■

Crikey!/Blimey!/Good God! [ˈkraiki/ˈblaimi/gud ˈgod] Meine Güte!/Großer Gott!
(Am) Dammit!/God dammit! [ˈdämat/god ˈdämat] Verdammt (nochmal)!
Crap!/Bugger!/Bloody hell!/Bollocks! Mist!
Shut your gob!/Shut your trap! Halt die Klappe!
[schat joh gob/schat joh ˈträp]
Clear off!/Get lost!/On yer bike! Hau ab!
[klia ˈof/gät ˈlost/on_ja ˈbaik]
Bugger off/Sod off [bagar_ˈof/sod_ˈof] Verzieh dich!
Shove it! [ˈschow_it] Vergiss es!/Du kannst mich mal!
That's none of your business! [Өäts ˈnan_aw joh ˈbisnis] Das geht dich gar nichts an!
to take the mickey/the piss out of s. o. jdn veräppeln/verarschen
[täik Өa ˈmiki/Өa ˈpis aut_aw samwan]
to slag s. o. off/to bitch about s. o. über jdn lästern
[släg samwan_ˈof/ˈbitsch_abaut samwan]

■ SPINNER UND TROTTEL ■

(Brit) a bit of an anorak [a bit_aw_an_ˈänaräk] Spinner (mit Spezialinteresse, das
alle anderen langweilt)
a geek/a nerd [gihk/nöhd] (Computer-)Nerd/Streber
a tool/a numpty/a muppet [tul/ˈnumti/mapat] Trottel/Pappnase/Vollidiot
a loony/a nutcase/a nutter [ˈluni/ˈnatkäis/ˈnata] ein Verrückter
to be clueless/hopeless [ˈkluhlas/ˈhauplas] keine Ahnung haben
(Am) to know zip about s. th. keine Ahnung von etwas haben
[nau ˈsip_abaut samӨing]
He couldn't organise a piss up in a brewery Er hat keinen blassen Schimmer.
[hih kudnt ˌohganais_a pis_ap in_a ˈbruhari]
He's a bit of a dope. [hihs a bit aw_a ˈdaup] Er ist ein Trottel.

thick as two short planks [θik_as ˌtu schoht ˈplänks]	strohdoof (wörtl. wie zwei kurze Bretter)
thick as shit [θik_as ˈschit]	saudumm
He's not all there. [hihs not_ohl ˈðää]	Er hat sie nicht alle.
He's lost his marbles. [hihs lost his ˈmahbls]	Er hat nicht mehr alle Tassen im Schrank (wörtl. seine Murmeln verloren)
He's gone nuts/bananas/bonkers. [hihs gon ˈnats/baˈnahnas/ˈbonkas]	Er ist übergeschnappt/durchgedreht.
to be barking mad/mental [ˈbahking mäd/mäntl]	total verrückt sein

■MEHR BELEIDIGUNGEN■

to be a pain in the neck/(Brit) **the arse/**(Am) **the ass** [a ˌpäin in_θa ˈnäk/θi_ˈahs/θi_ˈäs]	total nerven
a bull shitter [ˈbul schita]	große Klappe und nix dahinter
What a dick/dickhead/prick/cock! [ˌwot_a ˈdik/ˈdikhäd/ˈprik/ˈkok]	Was für ein Depp!
the biggest scumbag on the planet [θa ˌbigest ˈskambäg on_θa ˌplänat]	der größte Mistkerl weit und breit
to be as common as muck [ˈas ˌkoman as ˈmak]	schrecklich ordinär sein
cheap and nasty/tacky/naff [ˈtschihp_an_ˌnästih/ˈtäkih/näf]	billig und geschmacklos
(Am) **a pussy/a wimp** [ˈpusi/wimp]	Weichei/Warmduscher
a motormouth [ˈmautamauθ]	Quasselstrippe/Labertasche
a smart arse [ˈsmaht ahs]	Klugscheißer
a brown nose/an arse licker [a ˈbraun_naus/an_ˈahs lika]	Arschkriecher
a bitch [ˈbitsch]	Zicke/Biest
(Brit) **a yob** [job]	Rüpel/Rowdy
(Brit) **a chav/chavette** [tschäw/tschaˈwät]	Proll (männlich/weiblich)
(Brit) **a lager lout** [ˈlahga laut]	aggressiver Betrunkener
a shit stirrer [ˈschit stöhra]	Unruhestifter/Aufrührer

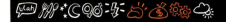

UNAPPETITLICHES

(Brit) **loo**/(Brit) **bog**/ [luh/bog]	
(Am) **john**/(Am) **can** [dschon/kän]	Klo (can wörtl. Dose)
to spend a penny/take a leak/a pee/a wee [spend_a 'pänie/häw_a 'lihk/'pih/'wih]	pinkeln
to have a poo/poop/crap [haw_a 'puh/'puhp/'kräp]	kacken
to have the runs/the trots [haw θa 'rans/θa 'trots]	Dünnpfiff haben
to fart/to drop your guts/to drop one/to let one go [faht/drop joh 'gats/'drop wan/lät wan 'goh]	einen fahren lassen
to burp/belch [böhp/bältsch]	rülpsen
to barf/chunder/puke [bahf/'tschanda/pjuhk]	sich übergeben/kotzen

GELD

◼ KOHLE

bread/dough/dosh [bräd/dau/dosch]	Kohle/Knete/Kies/Moos
a grand [a gränd]	ein Riese (Tausender)
(Brit) **a score** [a skoh]	ein Zwanni (Zwanziger)
(Brit) **a tenner** [a 'täna]	ein Zehner
(Brit) **a fiver** [a 'faiwa]	ein Fünfer
(Am) **a buck** [a bak]	ein Dollar (US)
(Brit) **a quid** [a quid]	ein Pfund (britisches)
(Brit) **silver** ['silva]	Silbermunzen
(Brit) **coppers** ['copas]	Kupfermünzen
change [tschäinsch]	Kleingeld
(Brit) **hole-in-the-wall** ['haul_in_θa 'wohl]	Geldautomat (wörtl. Loch in der Wand)
..cash or charge? [käsch oh tschadsch]	..bar oder mit Karte?

ACHTUNG: SLANG!

■ HABEN ODER NICHT

(Am) **megabucks** ['mägabaks] — fette Kohle
a wad of money [ə 'wäd_əw 'mani] — ein Haufen Geld
to be loaded/filthy rich ['laudəd/'filθih ‚ritsch] — stinkreich sein
rolling in it ['rəuling in_it] — in Geld schwimmen
to earn shitloads of money [öhn 'schitlauds_əw 'mani] — ein Schweinegeld verdienen
to be stingy/tight ['stindschi/tait] — geizig/knauserig sein
a cheapskate/a tight arse ['tschihpskäit/tait ahs] — Geizhals/Geizkragen
to be skint/broke [skint/brəuk] — knapp bei Kasse/pleite sein

■ KOSTEN ODER NICHT

What's the damage? [‚woz θə 'dämətsch] — Was kostet der Spaß?
That's a bit pricey. [θäts_ə_bit 'praissi] — Das ist aber happig.
to cost a fortune/a bomb/an arm and a leg — ein Vermögen kosten
[kost_ə 'fohtschuhn/a 'bomm/ən_ahm_än _ə 'läg]
a freebie [ə 'frihbih] — umsonst
to cost peanuts [kost 'pihnats] — 'nen Appel und 'n Ei kosten
as cheap as chips/dirt cheap — spottbillig (wörtl. billig wie Pommes)
['as tschihp_əs 'tschips/döht tschihp]

■ AUSGEBEN UND EINNEHMEN

to pay over the odds ['päi əuwə θih_'ods] — zu viel ausgeben/bezahlen
to throw money down the drain — Geld zum Fenster rausschmeißen
[θrəu 'mani dəun_θə 'dräin]
to piss one's money up the wall — sein Geld versaufen
[pis wans 'mani ap θə 'wohl]
to flog s. th. [flog] — etwas verscherbeln/verticken
to rip s. o. off ['rip samwan 'of] — jdn abzocken
to nick/pinch s. th. [nik/pintsch] — etwas abstauben/schnorren

ARBEIT

a plum job [plam dschob] — Traumjob
a high flyer [hai flaiə] — Überflieger
right hand man [rait händ män] — jds rechte Hand
to get back to the grindstone — sich wieder an die Arbeit machen
[gät bäk tə θe graindstəun] — (wörtl. zum Mahlstein zurückkehren)

to be snowed under [snaud ˈanda]	in Arbeit versinken
to work your socks/balls/bollocks off	sich totarbeiten
[wöhk joh ˈsoks/ˈbohls/ˈboloks of]	
the rat race [ˈrät räis]	Tretmühle (wörtl. Rattenrennen)
a dead end job [däd_ˈänd dschob]	Job ohne Aufstiegsmöglichkeiten
(Brit) **a piece of cake/a doddle** [pihs aw ˈkäik/dodl]	Pillepalle/ein Kinderspiel
a botch job [ˈbotsch dschob]	Pfusch
to have a cushy number [häw_a ˈkuschi ˌnamba]	eine ruhige Kugel schieben
to be bored stiff/shitless [bohd ˈschitlas]	sich zu Tode langweilen
to pull a sickie [pul_a ˈsiki]	blaumachen/krankfeiern
to give someone an ear bashing	jdm eine Standpauke halten
[giw samwan an_ia ˈbäsching]	
to give s. o. a right bollocking	jdn zusammenfalten
[giw samwan a ˌrait ˈboloking]	
to go to pot [gau ta ˈpot]	schief gehen
to go pear shaped/tits up [gau ˈpia schäipt/tits ˈap]	daneben gehen/in die Hose gehen
to mess up/to screw up/ [mäs ˈap/skru ˈap]	vermasseln/in den Sand setzen/

WETTER

It's a bit chilly/nippy. [its_a bit ˈtschilih/ˈnipih]	Es ist ganz schön frisch.
(Brit) **It's brass monkeys outside!**	Es ist saukalt draußen!
[its ˈbräss mankihs aut ˌsait]	
It's throwing/chucking/peeing it down.	Es schifft.
[its ˈθroing_it daun]	
to be drenched/soaked [dränscht/saukt]	klatschnass sein
(Brit) **Brolly** [ˈhroli]	Schirm
(Brit) **Wellies** [ˈwälis]	Gummistiefel
It's roasting/boiling. [its ˈrausting/ˈboiling]	Es ist tierisch heiß.
a real scorcher [a rihl ˈscohtscha]	eine Bullenhitze
to catch some rays [kätsch sam ˈräis]	ein bisschen Sonne tanken (wörtl. ein paar Strahlen einfangen)
to look like a lobster [luk laik_a ˈlobsta]	krebsrot sein (wörtl. wie ein Hummer aussehen)